写真で見る

あの日の札幌2

暮らし編

北海道新聞社 編

北海道新聞社

写真で見る

あの日の札幌2

［暮らし編］

北海道新聞社 編

本書に掲載している写真や絵はがきのうち、変色したり、傷や汚れ、カビなどが目立つものについては、見やすくするために修正処理をしました。色合いについても若干補正しております。絵はがきは、刷り込まれた文字や消印を消すなどの処理をしたものもあります。

北海道新聞社所蔵写真の中には、顔の輪郭等を強調するためペンや筆で修正したものがあります。本書では新聞掲載当時の写真をそのまま使用しました。

写真のデータをいただいた所蔵先は、写真ごとに記載しました。

*カバー　（表）そり遊び（昭和32年）・火の見夜番（昭和19年）
　　　　（裏）井戸水を使う家庭（昭和40年）
*表紙　（表）狸小路夜景（昭和・戦前）
　　　　（裏）マネキン（昭和・戦前）
*本扉　ご近所も一緒のテレビ視聴（昭和33年）
*前見返し　狸小路4丁目（昭和33年）
*後見返し　狸小路3丁目（平成29年）

※所蔵写真
カバー（表・上）札幌市公文書館
表紙（表・裏）北海道博物館
ほかはすべて北海道新聞社

この本を手にしてくださる方へ（暮らし編）

この写真集では、札幌市民の暮らしぶりを通じて、時代を眺めてみようと試みました。

開拓のはじめのころの移住者、明治のころの市民には、開拓の覚悟や使命感に燃えた人もいれば、ひと山当てて故郷へ帰る山師っ気のある人や、生まれ故郷に仕事がなく、泣く泣く永住を決めた人などが、長い冬の寒風にさらされつつ暮らしてきました。

その後、大正ロマンの時代もあったり、家々が別々の習慣で故郷の年中行事を行ったりもしながら、人々は次第にこの地に根付いていきました。

太平洋戦争では、学徒動員や勤労奉仕、銃後の備えなど、さまざまな心情やつらさも味わいました。

終戦は人々の暮らしを一変させ、闇市や物々交換による食料の入手など、市民全員が飢えていた時代も経験しました。

そんなあれやこれやを振り返ろうとしても時はどんどん遠ざかり、戦死した縁者をもつ人や戦中戦後を知る人も、年を追って少なくなっています。この本には、それらの記憶を振り返ることができる写真を収めました。

今、社会の中心にいる人や、これから社会に出ようとする人にとっては、年老いた父母や亡き祖父母の往時の暮らしぶりを、新鮮な驚きと一緒に垣間見ることのできる写真もあると思います。

札幌の百五十年の中で生きてきた人々の息づかいを、本書から感じ取っていただければ幸いです。

朝倉　賢

写真で見る あの日の札幌 2 ―暮らし編―

第三章

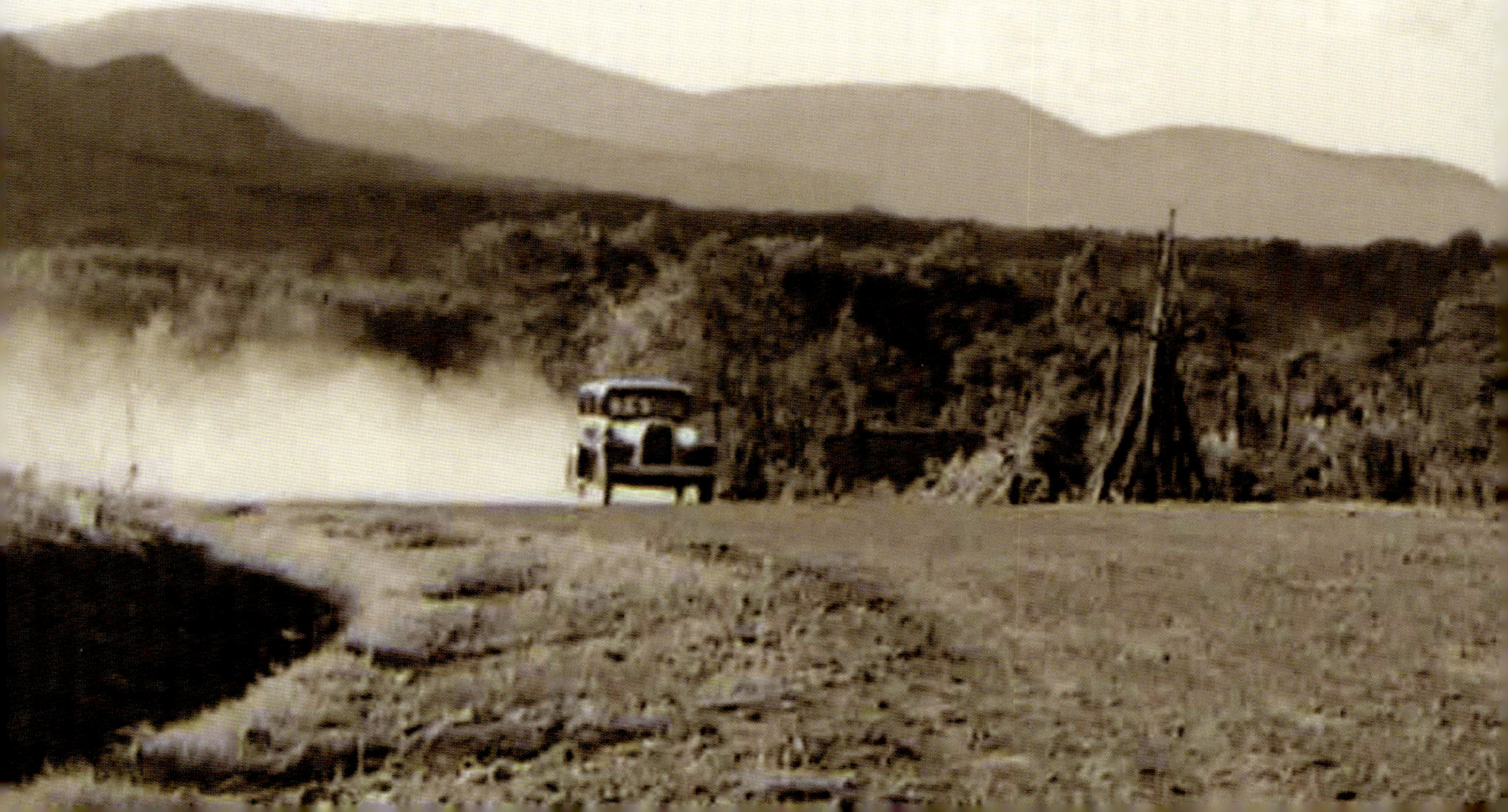

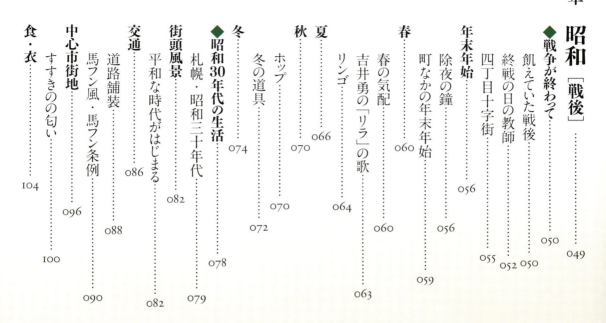

第一章

明治・大正

大正11年（1922）〈札幌市公文書館〉
円山消防組出初式

明治・大正

人々の暮らしは時代がさかのぼるほど、季節の影響を強く受けている。住居も衣服も食べ物も、年中行事も習慣も、季節の海にどっぷりと浸かった生活だった。

そのせいで人々の暮らしは、現在のように各家庭や個人がバラバラではなく、近隣の人、あるいは同じ勤め先の人達などが一斉に同じように考え行動していた。集団こそが町の姿そのものだった。

石狩湾にニシンの群来《くき》があったその日、家々の七輪には一斉に煙が立ち、大根を山積みにした馬車が町へ入ると、一家総出で漬物作りを行った。仮装行列も入った運動会が会社ぐるみ学校ぐるみで行われた。それは体育大会というよりは娯楽大会の様相だった。祭日の軒花飾り、町内あげての大掃除など右ならえで人が動いた。

この一体感こそが、厳しい冬を耐え抜く力の源泉だったのではなかろうか。つまり、季節が人を育て、人が札幌をつくった。季節こそが札幌の父であり母であった。［朝］

札幌の花見

年代不明〈札幌市中央図書館〉

札幌神社（昭和39年（1964）からは北海道神宮）は明治4年（1871）に造営され、8年に植えられたエゾヤマザクラ150本が成長してからは、花見の場として親しまれた

花見・運動会

円山公園の花見

明治末期から大正初期〈東北芸術工科大学東北文化研究センター〉
円山近辺が花見でにぎわうようになったのは明治10年代末からとされている。花見は各団体にとっての一大行事で、市街地から、バンドを伴うなどし、列を組んで円山入りした

札幌区立女子職業学校生徒円山のお花見

大正前期〈札幌市公文書館〉
区立女子職業学校は札幌東高校の淵源で、明治40年創設、大正9年区立実科高等女学校、12年札幌市立高等女学校となった。学校があった中島公園の北東から円山まで歩いたのだろう

帝国製麻観桜運動会から「行列」

大正12年(1923)〈札幌市中央図書館〉

これは帝国製麻株式会社札幌製品工場観桜運動会の絵はがきで、5月5日に行われた。北7東1の会社前から、音楽隊や馬のひく山車、仮装行列で円山に向かった

帝国製麻観桜運動会から精紡係の余興「美しき自然」

大正12年(1923)〈札幌市中央図書館〉

円山に着いたあとは踊りなどを披露した。これが「第24回」とあるから始まりは明治33年(1900)か。前年の参加者は1200人だった

北海道鉄道管理局工作課及苗穂工場慰安会〈仮装行列其二〉

大正〈札幌市中央図書館〉

苗穂鉄道殉職碑前グラウンドでの鉄道50年祝賀の会で、仮装行列や模擬店でにぎわった

札幌郵便局の大運動会

明治42年（1909）〈函館市中央図書館〉

札幌郵便局（大通西2）は明治40年に焼失し、新局舎は43年に完成した。一連の写真の中には奥に豊平館が見えているものがあり、運動会が大通公園での開催だったと分かる

今井商店第5回札樽連合運動会から各店変装競争

大正8年（1919）〈北海道立図書館〉

34枚もある絵はがきには「変装競争」「各店選手競走」「猿回し競走」などがありにぎやかである。札幌今井卸店、金物店、今井呉服店、札幌呉服店、小樽呉服店が競い、小樽が優勝した

札幌まつり・定山渓温泉

札幌神社例祭

明治ごろ〈札幌市公文書館〉

札幌神社の祭礼は6月に行われてきた。開拓使が札幌まつりの日を全道の休日と定めた名残は長く残った

定山渓温泉

白壁で何層もある建物なんて、見たことが一度もなかった。しかも大きい。御殿のような建物は川岸の切り立った崖の上に、たくさんの窓をこちらに向けてそびえていた。

現実とは思えないような景色に、級友たちも「すげえ、すげえ」と口々に言った。初めて定山渓温泉を見たときのことだ。戦争中、まだ小学校六年生のときだった。

米英との戦争が始まると、それまでは全く子供あつかいだった小学生が急に「少国民」だとか「軍国少年」だとかと新聞やら学校やらで呼ばれるようになり、子供たちもすっかり大人になった気分で胸を張るようになった。

そんな軍国気分を高揚させるつもりだったのか、通っている小学校から定山渓温泉までの七里あまりの道を半日かけて、五、六年生男女全員で歩くことを決めたのだった。

日の出を待って出発。七里の道はずっと上り坂の砂利道、リンゴ園を過ぎホップ園を眺め、途中は早足二キロ、駆け足一キロなど足弱の子には気の毒な指令もあった。長い長い徒歩遠足だった。

温泉街に入るには、当時は定山渓鉄道の駅脇から、急な石坂を降りなければならない。石段で崖を降りなくては街へ入れない仕組みも、まさに別世界の入口であった。降りた先が月見橋。川面から何筋もの湯気が上がっていた。

児童の数はざっと三百人。受け入れて休ませてくれる広さの旅館もなかったのだろう。でも一番大きな宿の庭に温水プール

鹿の湯クラブの万人風呂

年代不明〈東北芸術工科大学東北文化研究センター〉
定山渓温泉は慶応2年（1866）に美泉定山が開き、札幌の奥座敷と呼ばれた。各ホテルは「千人風呂」「万人風呂」と名付けて競い合った

があって、ここに入ることができた。プールに湯が入っているというのも生まれて初めてのことだった。

帰途、これも初めて定鉄に乗ったはずだ。［朝］

湯元ホテルのプール

年代不明〈函館市中央図書館〉
定山渓温泉では、大正7年（1918）に定山渓鉄道が開通すると、湯治客に加えて行楽客も増えた。湯元ホテルはプールを設けて客を誘った

中央創成尋常高等小学校・算術の授業風景
年代不明〈札幌市公文書館〉

札幌第一中学校の雪戦会
大正11年(1922)〈札幌市公文書館〉
札幌第一中学校(現札幌南高校)の雪戦会は、生徒が2軍に分かれ、雪の城の上に立てた敵陣の旗を先に取った方を勝ちとするもの。明治30年代から昭和19年まで行われた

円山神社(生徒運動会の景)
年代不明〈札幌市公文書館〉
「円山神社」は「札幌神社」だろう。境内が花見や運動会に広く利用されていたことが分かる。木々の葉が出そろっていないところを見れば春早い時期の開催か

甲子園初出場を決めた北海中ナイン

年代不明〈札幌市公文書館〉

北海中学（現北海高校）は大正9年（1920）全国中等学校野球大会（西宮・鳴尾球場）に初出場。甲子園球場ができた大正13年には静岡中学と対戦し勝利した。いずれかの年の撮影だろう

北星女学校の調理実習

大正2年（1913）〈札幌市公文書館〉

北星女学校（現北星女子高校）での「割烹」の授業。大正9年には「裁縫・家事」の中で5年生に課され、大正14年に置かれた「家政専攻科」では毎週3時間が割り当てられた

庁立高女・ピアノと合唱

年代不明〈札幌市公文書館〉

庁立札幌高等女学校（現札幌北高校）は明治35年（1902）開校。元禄筒そでの和服に白線、えび茶のはかま、ぞうり履き姿の高女生はバンカラな北大予科生と並びはやされた

北大創基50年記念提灯行列の学生たち

大正15年（1926）

〈北海道大学附属図書館北方資料室〉

5月、北大は医・工両学部の開学式を兼ねて創基50年を祝った。式典には学生・生徒・教職員など3400人が集い、夜は提灯行列が行われた。クラーク胸像除幕式もあった

札幌農学校の第20回遊戯会徒競走の景

明治34年（1901）〈北海道大学附属図書館北方資料室〉

遊戯会では100ヤード電奔・半英里競走・疾走高跳などの競争も行われたが、多くは袋跳び・芋拾い・韓信匍匐など余興的な遊びだった。のちには競技の記録も重視された

北海道帝国大学各科遊戯会

大正7年（1918）ごろ〈北海道大学附属図書館北方資料室〉

遊戯会は、市民も集まり札幌の年中行事になっていた。この絵はがきは北海道美術協会の刊行なのだが、公募展「道展」を開いている北海道美術協会の結成は大正14年であり、その前に同名の団体があったことになる。遊戯会は大正12年（1923）の第40回を最後に終了しているので、同じ団体ではありえない

札幌農学校の第19回遊戯会風景

明治33年（1900）〈北海道大学附属図書館北方資料室〉

遊戯会は明治11年（1878）、米国人教師の発案で学生たちが始めた運動会である。市街中心部にあったキャンパスなどで、5月に開かれた

スポーツ

札幌第一中学校生徒の水泳

大正11年(1922)〈札幌市公文書館〉

中島公園の池は水泳にも利用され、大正10年には第1回全道中等学校水泳競技大会が開かれた。その後、12年にできた製氷場を、夏の間プールとして使った。145m×23mの大きなものだった

豊平川の魚釣り

年代不明〈札幌市中央図書館〉

豊平川は水泳場や釣り場として広く親しまれた。現在より水量が豊かで魚も多かったようだ。作家の石森延男は明治期の少年時代、石切山から川下へと釣り歩いた話を書いている

スケートの女性たち

大正13年（1924）〈札幌市公文書館〉

スケートは明治10年（1877）、札幌農学校（現在の北海道大学）教師ウィリアム・ブルックスが導入した。29年、中島公園の池にスケート場が設けられて本格的に競技を開始。この写真は市公文書館では年代不明とされているが、大正13年1月24日の小樽新聞に、20日に中島公園の池で開かれた札幌スケート協会主催「謝肉祭」に出場した「スケート協会女子連」として載っている

博覧会・市場

すすきの

ススキノ、すすきの、薄野。どう書くのが正しいか決まっていない。札幌の中でも最も有名な地名でありながら、正式名称ではないのだから。それでいて、地下鉄の駅にはすすきのと書かれる駅が二カ所、市電にもバス停にもこの名称は使われている。すすきの交番も存在する。では範囲はどうか。これもあいまいで、店を利用する人も経営する人も、所在をすすきのと言ったり正式な住所を示したりするのだ。

　この盛り場、東京以北随一とずっと言われ続けながら、何となくぼんやりとおぼろ気なところがある。

　でも、このあいまいさと混沌とが盛り場の盛り場たる魅力といえるのだろう。ともあれすすきのは、その姿を、開拓使の後を追いながら今日までずっと範囲を拡げ続けてきた。

　起こりは明治三年（一八七〇）。開拓使は市街地予定の地所の南端に歯止めのように区画を定めて、役所のあたりに増えつつあった旅籠屋などを移転させた。遊廓地帯である。北はすすきのロータリー、南はすすきの市場まで、東は西三丁目、西は西四丁目がその範囲である。ここには高い土塀を設けて一般の家屋とは区別した。すすきの市場はのちに土塀の跡地に建設されたものだ。

　すすきのと名付けたのは岩村通俊判官であり、明治四年（一八七一）、開拓従事者を札幌に定着させるために、苦肉の策としてここを官許の遊廓としたのだという。

　以来すすきのは世相にあわせて多少の栄枯はあったが、人口

開道50年記念北海道博覧会 開会式日の正門と提灯行列

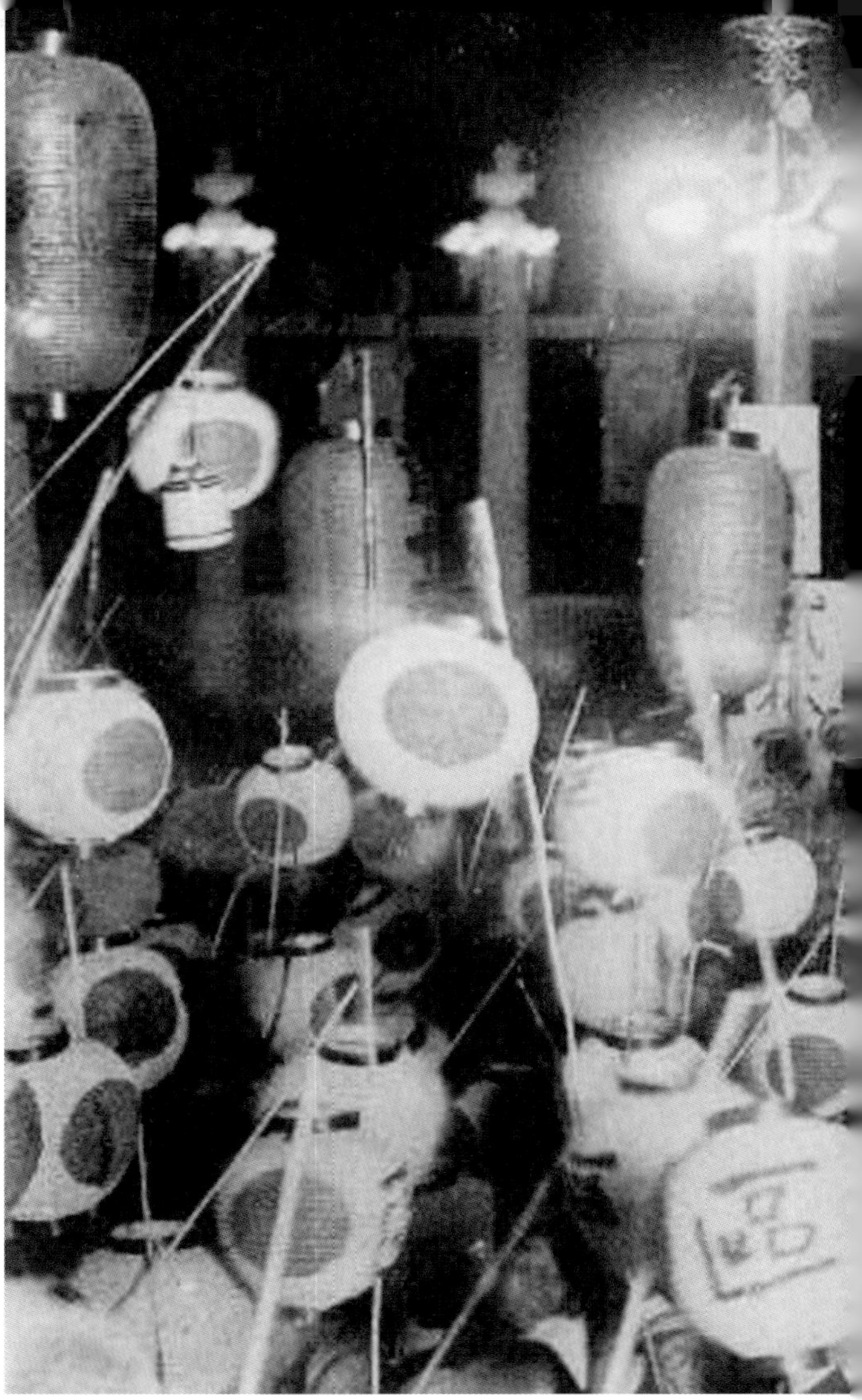

大正7年(1918)
〈開道五十年紀念北海道博覧会写真帖〉
この博覧会は、札幌の中島公園と北1西4、小樽埋立地の3会場で、50日間で142万5000人を集めた、それまでにない規模のものだった

市場〈藻岩村蔬菜組合円山販売場〉
年代不明〈札幌市中央図書館〉
円山朝市は明治26年(1893)、市中に行商に出ていた農家が石山通り近辺に開いたのが始まりで、市街地が広まるにつれて西にずれ、大正11年(1922)に西24丁目に落ち着いた

増とともに常に活況を呈していた。だが大正七年（一九一八）、開道五十年の記念博覧会が中島公園を会場にして開催されるということで、その途中に遊廓とは、いかにも見苦しいと反発が強くなった。すすきの側の抵抗もあったが、大正九年（一九二〇）に遊廓は白石に移転した。しかし盛り場として栄えたのはむしろそれからだった。料亭、小料理屋、カフェー、映画館、射的などの遊戯場、喫茶店、食品衣料品など様々な小売店などが櫛《しっ》比《び》するようになり、現在のすすきのが次第に作られて行った。今、すすきのの飲食店は三千五百店あるという。でもすすきのの範囲があいまいなのだから、この数も定かではない。［朝］

製氷

邪魔者だった冬の寒さ。でも夏になると氷がほしくなる。食用というより、病人の熱を冷ましたり、冷蔵がどうしても必要な品を冷やす、氷冷庫に使ったりが主流だった。

大型の製氷機などの機械類は皆無で、すべて天然氷だった。

氷は冬の間に中島公園の池、創成川などで切り出され、おがくずに包まれて、氷店に保管され夏になると切り売りされた。店の氷はどの位の日時を保ったのだろうか。秋口にはすっかり解けて売り物にならなくなったのか。［朝］

馬そりでの雪の運搬

（大通西4丁目付近）

大正7年（1918）

〈札幌市公文書館〉

明治期、大通への雪捨ては、許可されたり禁止されたり、変更が目まぐるしい。この写真では手前のほか右奥にも馬そりが見え、ダンプカーが連なる現在の光景と重なる

氷切り

年代不明

〈札幌市中央図書館〉

第二章

昭和［戦前］

昭和〈札幌市中央図書館〉
月寒種羊場

札幌まつり

四季あざやか

祭りほど人を奮い立たせるものはない。札幌の初夏も、創成川ぶちや狸小路のむせ返るようなにぎわいから始まった。

サーカス小屋が大音声で奏でるジンタのひびき、押し合いへし合いする人の波。市民が一人残らず祭りに酔っているような感じだった。

そして札幌は日本で最も鮮やかな四季が暮らしに入り込む街でもある。夏の喜びと冬の雪国暮らし。世界でもこれほど大量の雪を抱え込む都市はまれだという。［朝］

官幣大社札幌神社祭典／すずらん街の雑踏

昭和（戦前）〈札幌市中央図書館〉

明治30年（1897）6月16日の小樽新聞に、札幌市警察署が南1条通―南5条通間、東1丁目創成川畔などを露店・屋台出店地に指定という記事がある。創成川沿いの一画に札幌まつりのにぎわいが見られるようになったのはこの年からのことか。それから60年以上にわたり、このエリアには丸太で小屋掛けしたサーカス、見世物小屋、露天商が連なり、近郷近在からの人たちを含め、家族連れや子供たちが祭りを楽しむ姿が繰り広げられた。狸小路には昭和2年（1927）、5丁目を手始めにすずらん灯が設置され、すずらん街とも呼ばれた。すずらん灯は戦時中の金属回収で17年に撤去された

官幣大社札幌神社祭典
神輿渡御（南一条通り）
大正末期から昭和初期〈札幌市中央図書館〉

冬の生活

中島公園における氷上カーニバル仮装実況

大正15年（1926）〈札幌市中央図書館〉

大正15年に始まった氷上カーニバルでは、札幌スケート協会会員や市民が趣向を凝らした仮装で滑走したほか、パン食い競走、氷上劇、リレーといった出し物も見えている。この写真は大正最後の年のものだが、氷上カーニバルは戦争期の中断を除き昭和戦前から戦後に至る冬の市民生活に大きな存在としてあったものなので、ここに置いた

駅前通り

昭和13年（1938）〈札幌市公文書館〉

南北に走る電車線路を馬そりと自転車が横断しているが、車道があるはずの場所は雪の山である

除雪

札幌で暮らしていく中で、最も難敵なのはやはり雪だろう。除雪のほとんどが税金でまかなわれる現在と違い、個人の家や会社の除雪は自らの手で行うのが当たり前だった。敷地の間口部分は自分で雪かきをする。勤め人が仕事を始める前には、自宅前は雪を片付けておく。店員のいる商店や会社では働く人がまず総出で雪を除けてから客を迎えた。割り竹を編んで柄をつけた雪かきやスコップなど一式はどの家庭にもあった。

電車軌道はササラ電車が有名だが、馬そりに積み込んだり、貨物車を仕立てたりして排雪もした。いずれにしろ、人力が除雪の中心だった。［朝］

氷上カーニバル

二月十一日は氷上カーニバルの日だ。中島公園の凍った池を舞台に、さまざまな仮装をしたスケーターが滑りまくる。市民は池を何重にも囲み、冷え切った体で足踏みをして我慢しながら見入っていた。

露店が並び、店先はカーバイトを燃やすアセチレン灯で照らされていた。独特の強烈な白熱光と強烈な臭い。これこそカーニバルのにおいだった。

カーニバルとは謝肉祭。キリスト教行事の一つだなんて、ほとんどの市民は知らなかった。それでも、この氷上カーニバルは冬の頂点として親しまれた。これを境に札幌は春に向かって歩き出すのだった。[朝]

菖蒲池でスケート

昭和5年(1930)〈札幌市公文書館〉

中島公園の池は、当初は自然に張った氷を利用する程度のものだったが、大正9年(1920)にスケート場が開かれ、翌年から札幌スケート連盟が管理してレースにも用いられた

中島公園スケートリンク
昭和5年（1930）〈札幌市公文書館〉

菱家のアルバム

菱昌七は昭和戦前期、狸小路4丁目と駅前通りが交差する場所（現在のアルシュビルの位置）で洋品店を営んだ。屋号は、姓が「菱」であることから「ダイヤ洋品店」とした。写真撮影を趣味とし、のちには場所を移して業種を写真用品店に切り替えている。

洋品店時代に、店のディスプレイや家族のスナップショットなどを撮りためたものが後年、関係者から北海道開拓記念館（現北海道博物館）に寄贈された。当時の狸小路商店街の様子や市民生活のさまを伝えてくれる写真が多く含まれた貴重な資料であり、これが初公開である。

狸小路夜景

昭和（戦前）〈北海道博物館〉

雨の夜、路面からの反照を生かして撮影しているところに撮影者のセンスが感じられる

マネキン
昭和（戦前）〈北海道博物館〉
夏物のストローハットをかぶっている。左側から当てた光線が、日差しを遮る帽子の役割を的確に示している。奥にぼかしてとらえられているたくさんのネクタイも夏物のようだ

時代とは違う暮らしも

戦前、狸小路四丁目と駅前通りとの南西の角に、ダイヤ洋品店というおしゃれな店があった。店主は菱昌七さんといった。狸小路の一等地に店舗を構えるなど、当時の並の市民には想像がつかないほど裕福だったに違いない。自家用カメラを持ち、お子さんたちを幼児の頃から撮影し、家族団らんのピクニックや温泉旅行、スポーツ観賞など、優雅な暮らしを楽しんだ様子が写真に残っている。

そこには報道写真や広告写真とは全く違うほんわかした雰囲気があり、時代のひとつの自然が活写されている。その一部をお借りして、昭和初期の暮らしの一端を覗いてみたい。

ところで、当時のダイヤ洋品店の商いを想像してみよう。

戦前ばかりか戦中も、日本の女性の日常は和服であった。主婦ならばかっぽう着を羽織って一日を過ごした。洋服など、よほどのことがなければ着込まないし、はじめから持ち物にはない女性もいたはずだ。男性も、和服を着ることが多かった。

だから洋品店は稀有の店、庶民はそっと覗き込むのがせいぜいだったろう。それを一等地で大胆に商うのはやはり信念があったのだと察せられる。しかし、戦争が始まる頃は、ひょっとすると洋装はスパイ扱いされたのではないだろうか。昭和十八年（一九四三）「戦時衣生活簡素化実施要綱」を国が決定した頃から、商いの品物はどんどん減少したのではなかろうか。昭和十九年（一九四四）、戦局はますます不利になり、国内物資の不足がはなはだしくなって、狸小路はどんどん店じまいとなるのだが、ダイヤ洋品店も早々に廃業となったかもしれない。昭和二十年（一九四五）には防空法による建物疎開で、駅前通りの建物は容赦なく取り壊されてしまった。

そんな社会情勢の中で、歯を食いしばって生きながらそれを

八の日宣伝隊

昭和7年(1932)〈北海道博物館〉
狸小路連合会では、丸井今井、三越、五番館の3百貨店が毎月8の日を休業日と決めたことを受けて「狸小路八の日奉仕デー」を設け、500余人が市内を宣伝して回った

見せずに「のほほん」とした楽天的とも思える一面、耐乏生活とは違った一家の様子を活写した写真は、それもまた真実であることを教えてくれる。

菱さんはフィルムやカメラ（動画も）に強い執念と愛着を持っていた。洋品店廃業後は写真器具の販売や撮影も行うダイヤ商会を設立している。

菱さんの残した多量のフィルム等は、関係者の手によって北海道博物館に寄贈され、貴重な資料となっている。［朝］

ダイヤ洋品店全景

昭和(戦前)〈北海道博物館〉
左側の立て看板には「開店披露大売出し／一日より三日まで」、右側道路上の横看板には「十一月一日ヨリ八日マデ」とあり、開店日が11月1日だったことが分かる

円山から三角山を望む

昭和9年（1934）〈北海道博物館〉

山鼻方面の南に住む人たちが荒井山、三角山方面にスキーに行くには、双子山をスキーで越えて行ったものだった。菱家の父子3人は、この日は円山公園裏でスキーを楽しんだ。このコマは2人の子供が進んで行く後ろ姿を父親がとらえたものである。一連の写真の中には、子供たちが荷物を木の枝に引っ掛けておやつを楽しんでいる光景もある

大倉シャンツェの上から

昭和7年（1932）〈北海道博物館〉

この日も父子3人で、完成したばかりの大倉シャンツェを訪れた。16日のシャンツェ開き、翌17日の第5回全日本学生大会のジャンプ競技にはそれぞれ2万人近くが集まったが、競技のない日は穏やかで、兄が、父と弟の後ろ姿も収めながら札幌の街を俯瞰でとらえている

ジャンプ

昭和(戦前)〈北海道博物館〉

菱さんはスキーを滑って楽しんだほか、ジャンプ大会を見にも行った。これだけ多くの市民が集まっていたことからは、そうした楽しみ方が市民に普及していたことが分かる

奥手稲頂上

昭和10年(1935)〈北海道博物館〉

この写真は奥手稲山頂から石狩湾方面を望んでいる。この山行には子供は連れて行っていなかっただろう

遊園地にて

昭和（戦前）〈北海道博物館〉

一連のほかの写真から、場所は中島公園のようだ。消火栓を支えにした自転車に取り付けられている子供用補助椅子は籐製だ

乳母車

昭和7年（1932）〈北海道博物館〉

下部は金属製、上部は木製、座面や背当ては布でできており、軽い造りとなっている

出征祈願

昭和（戦前）〈北海道博物館〉

家族の無事を祈りに神社に向かっている。子供たちは晴れ着を身に着けてはいても、母親や祖母たちの緊張を感じてか、面持ちに明るさは見えない

孫群

昭和7年（1932）〈北海道博物館〉

札幌まつりで集まった子供たちを家の前で撮ったのだろう。祖父母の視点からふざけ気味に「孫群」と呼んだ言い方に愛情が漂っている

海水浴

昭和(戦前)〈北海道博物館〉

菱家は海水浴にもよく出掛けた。これは銭函海水浴場で撮ったもので、銭函での写真には複数の日付があるし、蘭島で撮影したものもある

銭函駅ホームをいっぱいに埋めた乗客

昭和12年(1937)〈北海道博物館〉

海水浴からの帰途、渡線橋からの撮影だろう。博物館のリストには年代不明とあるが、右上、バスの左にある看板に書かれている「北海道大博覧会」は昭和12年(1937)小樽開催なので、この年の撮影と判断できる

自転車直し

昭和9年（1934）〈北海道博物館〉

八剣山付近でのパンク直しの光景。修理道具持参での定山渓往復サイクリングだったか、道中で見かけたものか

札樽国道

昭和（戦前）〈北海道博物館〉

国道5号の小樽—札幌間は、山越えの軍事道路から、昭和9年（1934）に現在のルートが開かれてバスも走るようになった。舗装されたのは戦後の30年（1955）である。開通から間がない時期と思われる写真は3枚あり、土煙を上げて走る車のほか、馬車や自転車がゆったり進む姿も収められている

「カメラデー」撮影会

昭和8年（1933）〈北海道博物館〉

カメラデーは昭和7年に札幌の写真材料商たちの手で始められ、初回は円山公園、2年目のこの年は石狩浜で撮影会を開いた。和装モデルや漁師のほか、石狩灯台や船をとらえた作品もある

「カメラデー」撮影会

昭和9年（1934）〈北海道博物館〉

この日の撮影会は茨戸で行われた。モデルは使わなかったのか、8枚のカットは船を主体に撮られたものがほとんどだ。これは「ボート繋留所」で、茨戸川は昭和4年（1929）に札幌漕艇協会がここをその舞台として以来、漕艇の中心地となっている

町内の人々による
防空防火訓練

昭和（戦前）〈札幌市公文書館〉

昭和15年（1940）に隣組が設けられ、10戸内外での隣保班が生活物資配給、資源回収、防空・防火・警防、兵士の歓送迎などを担った。廃止されたのは22年4月である

戦争のとき

隣組

戦況を市民が知る手立ては、大本営が「勝った、勝った」と宣伝する唯一のラジオ放送しかなかった。新聞報道も大本営発表一色だった。これに踊らされて、いささかの不安を抱きながらも、最後は日本の勝利で戦が終わるものだと思っていた。

しかし、青年や若い夫が続々と軍に召集され、町には女性と子供、中高年の男ばかりが残るようになると、緊迫感は一気に高まった。

「銃後の守り」は婦人の手で。和服にモンペとかっぽう着が制服のようであった。

空襲に備え、火災を人力のバケツリレーで消す防空防火訓練などが隣組で実施されたり、勤労動員で女学生が働きに出かけたり、金属製品の回収をしたりと、力仕事も女性が中心となって協力し合いながら行った。

旧制中学は修業年数が減り、少年兵が出征するほか、学業以外の動員が多くなった。［朝］

戦いの始めごろと終わりごろ

戦争のとき

戦争がたけなわになり、銃後の物資不足ばかりでなく、戦場での兵器・弾薬の不足や、制空権・制海権の喪失などが密かにさざ波のように噂され始めた。大本営は大音声で圧勝を喧伝したが、どこかで嘘がほころびてきた。大本営は、全滅を玉砕と言い、退却を転戦と言った。

銃後の婦人や少国民の戦意高揚のため、毎月のように発表された歌謡は、戦争の始め頃は行進曲風のものが多く、これを歌いながら出征兵士を見送ったりもした。

しかし戦局が悪化すると、曲調は悲壮感が漂う葬送風のものが増え、戦場での決死の白兵戦や空中戦を歌うものが目立ってきた。

だが圧倒的な武力を持つ連合軍が白兵戦などに応ずるはずもない。豊富な機銃とあり余る弾丸を使って、離れた場所から攻撃すれば良いのだから。にもかかわらず銃後でも、竹やり訓練だとか、バケツリレーによる消火だとか、今にして思えば「滑稽で物悲しい」日々をおびえながら過ごしていたのだった。［朝］

草履作り

昭和19年（1944）〈北海道新聞社〉

市立高等女学校（現札幌東高校）生は、工作の時間にトウキビの皮を編んで草履を作った。上靴の配給が十分でない中、冬に向かっての準備だ。鼻緒も廃物利用の小布で作った

旋盤作業に当たる女性たち

昭和18年(1943)〈北海道新聞社〉

前線に出向いた男性に代わり、鉄工所では女性たちが旋盤作業と検査に当たった。記事には「モーターのうなりと激しく交錯するベルトの回転が女性たちの奮起を促している」とある

勤労動員の学生たち

昭和(戦前)〈札幌市公文書館〉

昭和16年(1941)11月に国民勤労報国協力令公布があり、国民学校児童を含む学校や職場などの団体が、炭鉱、鉱山、工場、飛行場工事、ニシン漁場などで作業に当たった

戦中の小学生

母校は山鼻小学校である。開拓当時一帯に入植した屯田兵の子弟のために建てられ、今も歴史を刻んでいる。かつては木造二階建て、西は石山通り、南は行啓通りに面していて、明治天皇ともゆかりがあることが戦中も自慢で校歌の一節にもなっていた。

石山通りに大きな大きな柳の木がのっそり立っていて、校舎に日影を作っていた。下校時間に雨が降ると母が唐傘を持ってここへ迎えに来てくれていた。迎えが遅れると、私は木の下で雨宿りして遠くから真っすぐ歩いて来るはずの母の姿をじっと待った。

入学したのは昭和十三年（一九三八）。小学校は正しくは「尋常小学校」といい、修学は六年間、そこで、受験により中学校へ行く者と、修学期間二年の高等小学校に分かれて進学する。義務教育はこの八年間である。

入学した前年に中国で盧溝橋事件がおこり、日中は全面戦争に入る。翌年には東京・札幌のオリンピック開催返上など嵐は着々と迫っていたのだが、庶民の日常は大して変わらなかった。食品などの掛け売りも御用聞きもあったし、母親や祖母は買い物篭を提げて市場へ出かけて行ってもいた。食糧が配給制になるのは、米国の参戦が本格化してからだ。

昭和十六年（一九四一）四月、尋常小学校は国民学校初等科に、高等小学校は国民学校高等科に名称を替えた。それに何の意義があるのか、子供の私には深く考える余地もなかった。でも体を鍛えるとて、ひどい味のする肝油を衛生室へ行って飲まされたり、上半身裸になって色付きのゴーグルをかけ、太陽灯とやらの照射を、十人ほど入る屋根付き円塔形の金属製小部屋の中で受けたりという日課もあった。

戦争のとき

日中戦争が始まった翌年、父親が応召して軍に入隊することになった。子供が何人もいる中年の夫まで召集されるのかと母親は密かに嘆いたそうだが、勤務先やら近隣の人たちが金を出しあい、何本ものノボリを作って贈ってくれた。ノボリには「祝出征」と頭に書かれその下に大きく出征者の氏名が書かれていた。神社の祭礼のノボリを連想できるようなしつらえで、当時出征する人があると、近所の人たちは皆このノボリを掲げて列を作り、駅まで見送りに行ったものだった。かっぽう着で日の丸の小旗を持った隣組のおばさんたちが列を作り、軍歌を歌いながら出征者を先頭に歩くのだった。

後日、そのノボリは役に立った。戦争も終わりに近く衣類が極端に不足した頃、染め上げて娘たちの普段服に仕立てられたのだ。どんな染料だったのか、くっきりと最初の氏名が散り散りに模様のようになって見えていた。妹たちは恥ずかしそうだったが、いやではなかったのだろう。ノボリを作り直した簡単服は父親が帰還してからのことだ。

戦争があっても放課後は外遊びが中心だった。二歳下の妹がいつも私にくっついて来て存分に遊べないのがわずらわしく、けっこう意地悪をして泣かせてばかりいたような気がする。でもその頃が兄妹で一番心が通いあった時期だった。

春は雪どけで黒土の現れる所を探して釘さし、パッチをした（パッチは本州ではメンコということなど、中学生になるまで知らなかった）。陣取り、竹馬、チャンバラ、かくれんぼ。冬ならば雪合戦に雪スケート、馬そりの背後で御者に見つからぬよう、こっそりと竹スキーで滑ること。女子ならば、ゴム跳びだの花いちもんめだの。いずれも外で体力を使っての遊びだったし、仲間が必ず要る遊びだった。

紙芝居も来た。アメを買うか、拍子木を打って人を呼ぶ仕事を手伝うかすると、良い位置で見せてもらえた。

「ごはんだよー」と母が大声で何度も呼ぶまで、兄妹と友たちの外遊びは終わらなかった。

小学生には男女とも制服があった。制帽もあった。男子は五つボタンの上着に半ズボンが普通。女子はセーラー服にスカート。そして男女ともに下駄履きだった。

札幌では夏と冬とが日付によってはっきりと区別されていた。六月十五日。札幌神社のお祭りは学校ばかりでなく、役所や会社も休日になった。子供たちはお小遣いをもらえたし、創成川ぶちの見世物小屋にも連れて行ってもらった。夜は色電気が道を照らし、家の入口には造花の軒花が挿されて、家を挙げて祭りに酔った。

この祭りが終わると札幌ははっきりと夏になる。制服の黒は半そでの霜降りの夏服になり帽子には白い布がかぶせられた。女子の白色半そでは大人っぽくまぶしく感じたものだった。

日米が開戦すると、暮らしの中に戦争が急激に姿を現し始めた。日中戦争のころは昼は日の丸を手に「旗行列」夜は「提灯行列」などで気勢を上げていたのがいつの間にか消え、夜間の灯火管制で、家のあかりを外に洩らさぬように隣組から指示があり、空襲避難の訓練やバケツリレーの消火訓練などに防空頭巾をかぶった母親たちが参加するようになった。

大詔奉戴日が全国の学校行事として設けられた。毎月八日である。山鼻小学校では、護国神社へ児童が全員参拝して戦勝を祈願した。軍隊のように列をつくり、歩調をそろえて一キロ以上の道を往復した。神社参拝の仕方はこれで覚えたのだった。

［朝］

静座で心を養う国民学校生徒
昭和18年（1943）〈北海道新聞社〉

少国民も銃剣術の練習

昭和18年（1943）〈札幌市公文書館〉

戦争のとき

火の見夜番

昭和19年（1944）〈北海道新聞社〉

山鼻国民学校の児童たちが「火の見夜番」として夜回りを始めた。記事は、道内の前年の火災は880回、焼けた家は1135軒、被害額は1507万円で、同年の札幌市の郵便貯金目標額の1485万円を上回っていると数字を挙げ、火の用心こそ貯金を増やす力だと書いている

帝国ゴム工場で敢闘する札幌市立高女の生徒

昭和20年（1945）〈北海道新聞社〉

昭和20年（1945）3月、決戦教育措置要綱が発表され、国民学校初等科以外の生徒・学生は全て通年の勤労動員の対象となった。記事には「勤労即教育、生産それ自体を学問としていくことが強く要求される」とある。帝国ゴム工場に通年動員中の市立高女の生徒たちからは「1年といわず2年でも3年でも働き続けます」といった声が聞かれている

札幌女子校の薪拾い

昭和19年（1944）〈北海道新聞社〉

札幌女子校では冬に使うストーブの焚き付けを自分たちで集めて燃料不足を補おうと、集団修練日を利用して全校児童1800人で、藻岩橋付近から真駒内にかけての林の中で、地面をはうようにして薪拾いを行った。往復8km余りの道のりを歩き通して、学校の物置に薪を収めた。この日だけで、およそ2カ月分の焚き付けに十分という

古びたラジオ

部屋の書棚の隅に、三球ラジオがほこりをかぶったまま、まだ置いてある。縦型で上部が布張りのスピーカー、下部にダイヤルが三つ。周波数のダイヤルを回すと、小さな窓の中の数字が動く。

昭和十六年（一九四一）十二月八日、日本が真珠湾を攻撃したことをこのラジオで知った。昭和二十年（一九四五）八月十五日、玉音放送は夏休みの暑い日ではなかったろうか。家族一同ラジオの前に正座した。普段より特に音質の悪さが気になり、内容はほとんど聞き取れなかった。途中で祖父がしきりに目をぬぐっており、つられるように祖母や母が泣いていたように記憶している。

マッカーサー元帥の進駐、ＧＨＱの命令によるゼネストの中止、朝鮮戦争。それに空襲などで離ればなれになった家族や知人などのため繰り返された尋ね人。ラジオはどの家庭でも暮らしの中心に位置する大切な存在だった。「リンゴの唄」でようやく心を癒やされもした。

でも、いつからかラジオは音を出さなくなり、テレビが主役の座についた。私のラジオも、千切れかけたコードを引きずったまま、何十年も無音だ。でもどうしても棄てる気にはならない。これは私の心のタイムカプセルだから。［朝］

ネジの仕上げ

昭和19年（1944）〈北海道新聞社〉

この年から国民学校高等科生徒の夏期修練期間における勤労動員が強化され、2年生15人は8月1日から2週間、電気機械製作所でネジの仕上げ作業を担った

第三章

昭和［戦後］

昭和20年（1945）〈北海道新聞社〉
札幌4丁目十字路の交通整理

戦争が終わって

買い出し
昭和20年（1945）〈北海道新聞社〉
戦後、配給が数日分遅れることが常態化していた。記事の見出しには「"飢えたる世相"買い出し列車」「娘まで窓から出入り」「ひしめき合う人と荷物」「経済警察も手が出ない」「未配給のまま／飢餓線上にある札幌、小樽」「買い出し取り締まりは酷」「危機、進駐軍用食糧で急場しのぐ」といった文字が並んでいる。写真には、両手や背をようやく手に入れた食糧でいっぱいにした市民が札幌駅で降りる姿がとらえられている

飢えていた戦後

　空襲の影響が道内の他都市に比べてきわめて少なかったことを、札幌市民は本当に幸せだと思い、沿岸の港湾都市に申し訳ないと思うべきなのか。

　終戦の日も電車は何とか動いたし、水道も電気も止まらなかった。九月には第一回全道野球大会が開かれ、ラジオ体操も再開された。だがそのまま明るい市民生活が始まったわけではない。

　十月には米軍が進駐してきて、都心の主要な建物は有無を言わさず取り上げられ、生活物資の猛烈な不足が、洪水のように暮らしをおびやかした。

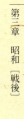

二条魚市場復活

昭和21年（1946）〈北海道新聞社〉

「二条の魚市場」で魚屋とカマボコ屋など18軒が店開きし、威勢よく客を呼ぶ声とそれに応える主婦たちで戦前のにぎわいを取り戻した。生鮮魚の統制は前年11月に撤廃された

物不足、特に食べ物不足は、終戦後ますます厳しくなった。国から配給される食糧だけで暮らしていた人が、とうとう餓死したというニュースも流れた。食べ物の不足分は闇で入手するほかなかった。

一億総難民時代と言えるだろう。

駐留軍が缶入り食料の残りを提供してくれたり、米政府や慈善団体が小麦や乳製品を送ってくれたりもし、各家庭ではこれがまさに生きる糧だった。

配給で大型のスープ缶が手に入った。米軍のものだ。その晩、スープが飲めるということで家族全員が首を長くして覗き込む中、封を切ると、中身は白い粉だった。溶かしてスープにするのかと思ったが、どうも様子が違う。粉末スープではなく粉せっけんだった。英語の「ＳＯＡＰ（ソープ）」を「ＳＯＵＰ（スープ）」と読み違えていたのだった。［朝］

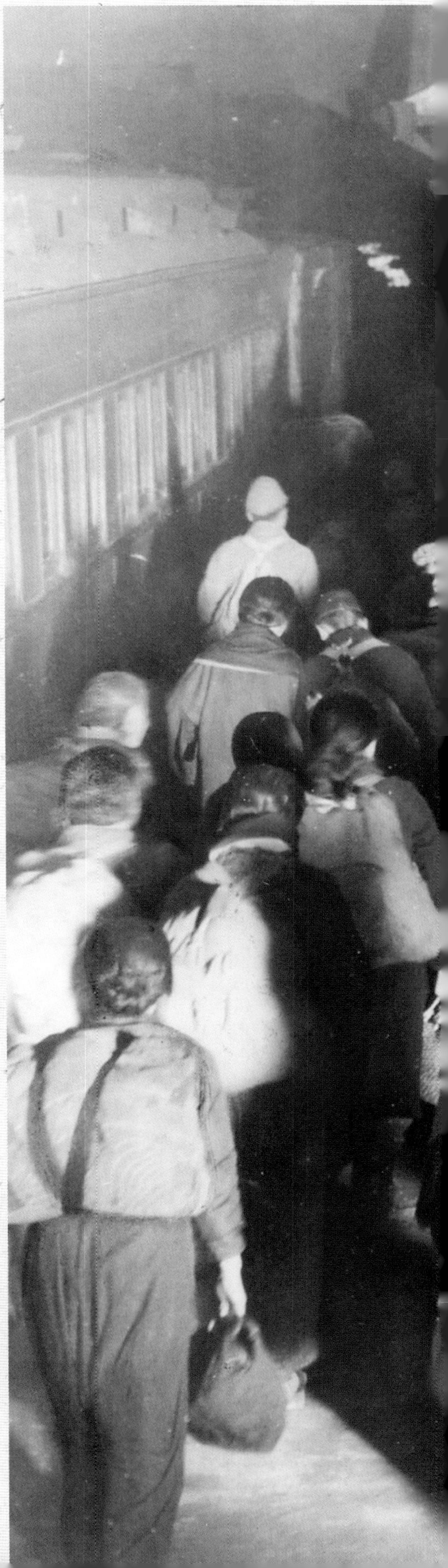

戦争が終わって

終戦の日の教師

かつて、小学校に入って最初に学ぶ文字はカタカナだった。国語第一章は「サイタ　サイタ　サクラガ　サイタ」。サクラ教科書は終戦まで使われた。いま、この教科書で学んだ人はもう後期高齢者だ。

戦争が終わって、世間で一番困惑したのは学校の先生じゃなかったろうか。国策に沿って聖戦と呼び、必勝を信じて毎日子供たちに教えてきたのに、日本は負けたのだという。明日からは一体何をどう子供たちに教えたら良いのだろう。それよりも嘘を教えていたことで罪に問われることはないのだろうか。

幸い、敗戦の八月十五日は夏休み。二学期まで少々の日にちがある。その間、先生たちは毎日学校に集って鳩首協議したに違いない。なかでも一番おびえていたのは校長、学校の責任者だろう。終戦に出会って、教師は不運だった。

が、登校してくる生徒は割と屈託がなかった。元気だった。先生がほっとしたのは、上からの命令で教科書のなかの軍国主義的記述にべったりと墨を塗って消し去ってからだと思う。戦争賛美はこれで消えたと思ったのではないか。その後は平然として文部省の言うとおりの授業をしている様子だった。内心忸《じく》怩《じ》としていたにしても。

この時代に生きた子供たちの明るい顔を写真で見ると、なぜかその裏にある教師のつらそうな顔が思われる。［朝］

国民学校陸上競技大会の入場式

昭和20年（1945）〈北海道新聞社〉
終戦から2カ月足らずの10月7日、円山の市立総合運動場で行われたこの大会には札幌の8校300余人に芦別、上白石の選手も加わり、50m走、1000m走、走り幅跳びなどの競技が行われた。記事には、練習不足もあって記録は芳しくなかったが競技界の新興を図るスタートが切られたとある

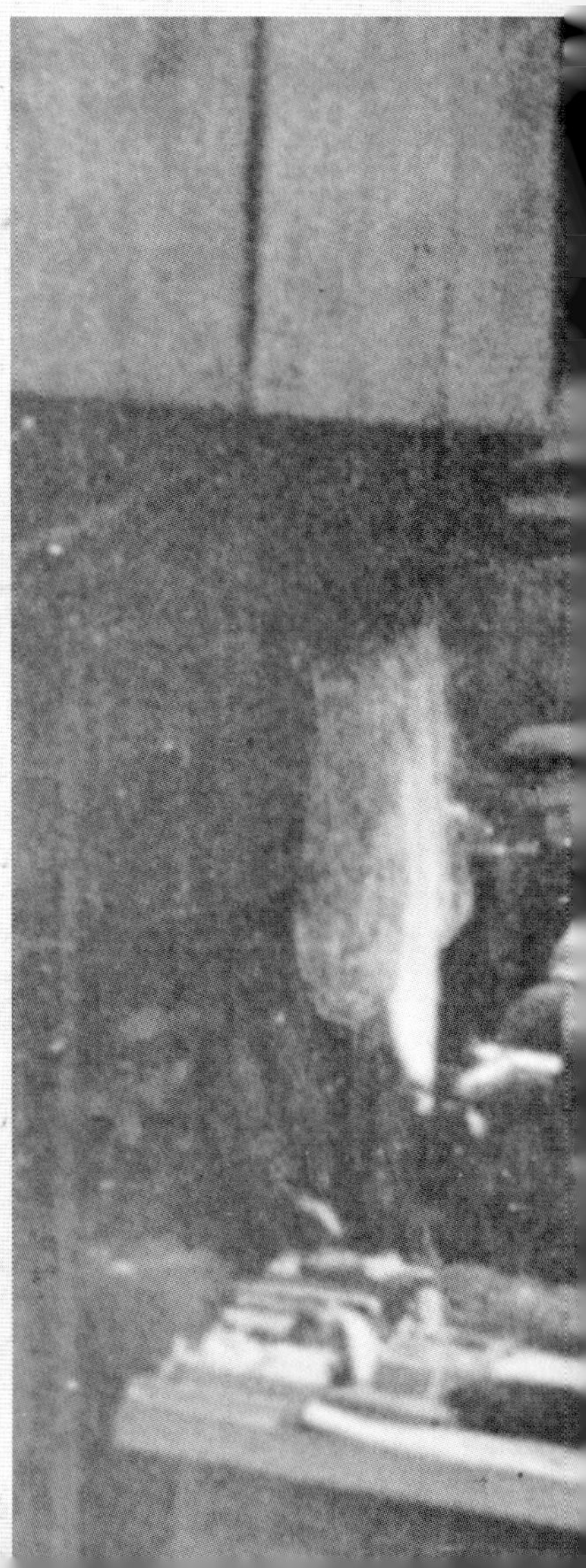

闇市となった狸小路

昭和20年（1945）〈札幌市公文書館〉
戦時中に強制疎開の対象となった狸小路は、敗戦直後から露天商が現れて、闇市と化した。21年8月、道庁が全道一斉に一般商店の闇価格販売取り締まりを始めた

新商売

昭和23年（1948）〈北海道新聞社〉

春近い街にサンドイッチマンが現れた。コメディー映画の宣伝で、アメリカのお笑いコンビ「アボットとコステロ」のお面を着けた2人が人波をぬって歩いた。「日給はと問えば『エヘヘ…』とふくみ笑い」と記者には応じたようだが、市民には無言の宣伝を通した

四丁目十字街

札幌に入って来た駐留軍は、駅前通りに面した主な建物を次々に接収して軍用にした。鉄道管理局や鉄道クラブなど、彼らが故郷の風物を思い出すかのような洋風の木造建物だ。生命保険会社などのビルやグランドホテル等とともに、四丁目十字街の三越デパートも例外ではなかった。

三越は大通西一丁目に、当時現存していた豊平館につながっていた北向きの公会堂で営業をはじめた。といっても終戦直後に売る商品などほとんどない。商品ケースに陳列してあるのは、市民が持ち込んだ古着や毛皮、家宝めいた食器類などで、その横に希望する品物が書かれた札がついていた。物々交換である。希望する品物はタバコや食糧、味噌醤油のたぐい。世相そのものがケースに納まっていた。三越デパートはその交換の手数料を収入にしていた。元の場所へ戻って営業するまで二～三年は続いたのではなかったか。

ところで、札幌の道路は大部分がクロスしている。十字の街並みこそ計画都市の特徴だ。なのになぜ、ここだけを十字街と呼ぶのだろう。ここが商業の中心であることに加え、市電の軌道が十字に交差するのはここだけというのが由来だともいう。確かに市電が市民の足の基軸だった時代、駅前通りの軌道はすすきのまで真っすぐに伸びていたし、南一条通りの東西の軌道は、創成川を渡って豊平川の一条橋まで走っていた。北西の角にワイングラス型の二階建てほどの建物があり、上階では人力でポイントの切り替え操作が行われていた。職員はちょっとシャレた格好をしており、少年たちのあこがれだった。展望台みたいに内部から四丁目十字街を見通してみたいと、ここを通るたびに胸を躍らせていた。［朝］

夜の街

昭和22年（1947）〈北海道新聞社〉

「夜の女」とは赤線・青線の「私娼・散娼」、市街で客引きする「街娼」、その他の「モグリ娼」の総称だという。昭和23年1月、市警察署の調査では「パンパン」を含めその数は千人を超えた。26年（1951）12月、朝鮮戦争に伴い、米軍相手の街娼は約1100人に上った

ミカン入荷
昭和30年（1955）
〈北海道新聞社〉
師走に入った青果物問屋の倉庫に正月用のミカンが積み込まれている。小箱で600円から300円で、10日過ぎからの出盛りには値が下がってくる。このころ、まち中では箱で買ったミカンをそりで運ぶ姿も見られた。段ボール箱への切り替えは昭和30年代に始まった

除夜の鐘

除夜の鐘が鳴り、年が変わった。さすがに正月仕度の買い物客も絶え、商店街の店々も灯りを消して静かになった。ただ、戸外には初詣の客が寒さをこらえながら歩いており、人の気配は絶えなかった。

除夜の鐘を耳にしながら初詣を続けていたある年のこと、神前の押し合うような人の群れから離れて、静まり返った小さな商店街の暗い道へ入った。足元で雪がキュッキュッと小さく鳴いた。

一軒だけ灯りが漏れている店があった。理髪店だった。客は一人だけ。仰向けになって顔にカミソリを当ててもらっていた。近所の店の店主だろうか。一年の一番忙しい店売りと、各戸を回る掛け取り。新しい年になってようやく自分の時間ができ、正月用の頭を整えることができたのだろうか。何の商売かな、床屋のおやじとはなじみなんだろうな。

除夜の鐘がもう少しで終わる時刻。床屋の灯りだけが道を照らしていた。［朝］

羽子板

昭和40年(1965)〈北海道新聞社〉

藤娘や鏡獅子などオーソドックスなものが主流で、値段は前年より8%高。よく売れるのは千円前後のものだ。すごろくや子供カルタはテレビでおなじみのスーパージェッターやオバQに人気が集中。100〜200円ほどで子供たちの夢を誘っている

日本髪

昭和33年(1958)〈北海道新聞社〉

昭和30年の記事には次のようにある。31日までの美容院は予約がいっぱい。自分の髪でというのは少ないが、元旦には華やかに生まれ変わったような日本髪と和服姿が街に新春気分を漂わせてくれるはず。お値段は500〜千円

福袋

昭和33年（1958）〈北海道新聞社〉

年末のデパートは福袋作りに忙しく、「大体お値段の3倍ぐらいのものが入っています」という。この年、五番舘と三越は千円、2千円、3千円の3種類取りまぜて千個ずつを用意。丸井は以前けが人が出る騒ぎになったことから宝市を開いて格安品をばら売りする

町なかの年末年始

年中行事……。皆が夢中だった。今の時代、年中行事はどんどん忘れられつつある。これを忘れるのは、暮らしから季節が消えていくに等しい。

年末、荒縄でくくられた大量のミカン箱が青果店に山積みされる。表紙には生産地や品質などが印刷されていた。

客は家族一人につき一箱とか、贈答用にとか、何箱もまとめて買っていった。

二十八日、遅くとも三十日は、各家で餅つきをする日。のし餅、鏡餅、豆餅、父がきねを振り上げ母があいどりをする。子供にとっては興奮してやまない一日だった。二十九日は九が苦に通じるとして餅つきはなし、三十一日になると年越しの仕度で忙しいのと、この日まで餅をつかずにいてもち米が買えなかったのではとご近所さんに思われたくないという理由で、餅つきの音はピタリと止んだ。

大晦日の夜の宴が終わると初詣。おみくじを引き破魔矢を買い、日本髪に和服の女性にもまれながら柏手を打った。

個人宅の玄関の式台に名刺受けの三宝が置かれ、子供が親に代わって「おめでとうございます」と大声を出して名刺を置きにくる。松飾りやしめ縄が正月をしっかり教えてくれていた。

個人の家々に門付けの獅子舞が来ることもあった。初荷を積んだ馬そりが、石油缶をガンガン叩いて気勢を上げて行った。［朝］

賽銭箱

昭和29年（1954）〈北海道新聞社〉

初詣が一段落すると、札幌神社（現北海道神宮）では賽銭箱のふた開けを行う。各年の記事を見ると…。昭和26年には「10円札、1円札とこまかいところが圧倒的。これに交じって1銭、5銭、10銭玉、百円札、たまには千円札という豪華版もちらほら」。27年には「10円札、5円硬貨に千円札がチラホラ。ざっと数えて50〜60万円はあり昨年よりも20万円は多い」。29年には賽銭箱を3つ増設し、整理には北海道拓殖銀行から勘定専門家4人の応援を得た。「ざっと120〜130万円はあるというから昨年に比べて20〜30万円も多く、神社側では『景気がよくなったわけでもないと思いますが、苦しいときの神頼みとでもいうところでしょう』」。それから11年後の40年には「1千万円はあったよう」と伸びが著しい

春の気配

カッコウは渡り鳥である。カッコウは雪の消えていく後を追うようにやってきて、あの声を聞かせてくれるのだという。気象台が市民にも声をかけて「札幌のカッコウ初日」を募集していたこともあった。でも札幌に今カッコウは飛来しているのだろうか。聞こえるのは盲人用の交通信号だけじゃないのか。最近はツバメも見ていない。ツバメが巣をつくる家は縁起が良いと言われ、巣のある玄関の戸は秋口まで開きっぱなしということもあった。

夏の渡り鳥が来なくなったのは、餌になる虫が農薬のせいで激減したためとも言われている。ヒバリも同様なのだろう。

鳥に比べると花はずっとしぶとい。山すそに咲くコブシの花は、遠くからは残雪のように見えたりもする。桜の開花日の情報は、標本木に数個の開花があることを気象台の職員が目視で確認して発表される。これは市民が待ち焦がれている情報だった。

桜が咲けば花見が行われる。花見の最大の名所は円山公園。当時、市電は神宮の境内公園の入口まで伸びており、終点にある木造の駅を臨時に開け、電車が列を作って客を運んだ。

花見で火を使う料理が主役になったのは、オリンピックより後の時期ではなかったろうか。以前は火気の使用が公園でも境内でも認められず、家族で行うにしろ、勤務先で大勢にしろ、料理と酒を持参しての宴会が花見だった。

花見が先か連休が先か。これが終わると次は三吉神社の祭礼。

花見シーズンでにぎわう飾り屋

昭和35年（1960）〈北海道新聞社〉

4月中旬、飾り屋さんは花見に出店を計画している商店や飲食店を相手にぼんぼりやちょうちんの商いでにぎわっている。主力は3段つながりのちょうちんとビニール製の小さなぼんぼりで、いずれも関東から取り寄せている。また室内用の造花のサクラも50〜60万輪が動き、大きなキャバレーでは5千輪を飾るという。これもビニール製が伸びている

花見の様子

昭和33年（1958）

〈札幌市公文書館〉

札幌神社の花見の様子をとらえたもの。幔幕で区切られた桝が連なっており、独立性が保たれるのはうれしいが目的地を探し当てるのは大変そうだ

浮かれる花見客

昭和36年（1961）〈北海道新聞社〉

右上の写真の3年後、幔幕で仕切られた桝の中の光景である。撮影は5月3日（祝）の昼前で、職場の一行らしき人たちがワイシャツ・ネクタイ姿で盛り上がっており、奥には背広姿でギターを手にした人たちも見える

この日の天候の逆が札幌まつり（神宮例大祭）の日の天候だとよく言われていたが、あまり当たっていない気がする。今はこの祭日の前に「よさこいソーラン祭り」という、同じ祭りでも祭典とは全く違う大行事がある。

札幌まつりが終わると、札幌は夏に入る。［朝］

中島公園の市営釣り堀

昭和31年（1956）〈北海道新聞社〉

中島公園に釣り堀が開かれたのは明治21年（1888）と古い。昭和31年のこの日、前日放たれた約千匹のコイを狙って太公望が続々詰め掛け、1時間20〜30円で釣り糸を垂れていた。昭和27年の記事には市内15軒のウナギ屋さんが、土用入りに際して恒例のウナギ供養を行い、千匹を池に放流したとある。ウナギも釣れた？

茨戸公園

昭和40年（1965）〈北海道新聞社〉

茨戸公園にはボート、貸し切り遊覧船、ベビーゴルフ場、釣り堀、バレーコート、炊事場などがあった。ゴールデンウイークに入った5月2日は朝から好天でこの春最高の人出。輸送に当たる中央バスは初の増発態勢を組み、ざっと3千人を運んだ。写真は弁当を広げて春の日を楽しむ家族連れ

吉井勇の「リラ」の歌

家ごとにリラの花咲き札幌の人は
楽しく生きてあるらし　吉井勇

ライラック（リラ）の花を詠み込んだこの短歌は昭和三十年（一九五五）、吉井が札幌を訪れたとき詠んだもので、六月十一日の北海道新聞学芸欄に掲載された「北遊小吟」五首のなかのひとつである。札幌の人たちに広く親しまれ、昭和五十六年（一九八一）には大通公園四丁目南側に、この歌を刻んだ碑が建てられた。

北海道歌人会代表を務めた山名康郎は、北海道新聞に連載していた〈日曜文芸　北のうた〉に、ほかの四首も並べたうえで、ライラックと吉井についてこう記している（平成二十年（二〇〇八）六月一日）。

ライラックは、北海道の初夏を彩る花である。五月下旬から六月初旬にかけ、甘い香りを放って家々の庭や玄関前に淡紅色、白、淡い紫などの花を咲かせる（中略）。リラはフランス語名、ライラックは英語名、和名はムラサキハシドイ。明治の中ごろ、北海道に入ってきた外来種である。勇は国木田独歩の「空知川の岸辺」、「牛肉と馬鈴薯《ばれいしょ》」を読んで以来北海道はあこがれの地だったという（中略）。「新詩社」に入り与謝野寛に師事。北原白秋、木下杢太郎らと活躍した。「酒ほがひ」は耽美《たんび》的歌集として注目された。晩年の歌柄はのびやかで人生凝視の「人間経」は勇の代表歌集。一九六〇年没、享年七十四。

歌が生まれた当時、山名は北海道新聞学芸部（現文化部）の記者だった。筆者はある日、山名から、「北遊小吟」は自分が吉井に依頼して、新聞掲載用に作ってもらったものだ――と聞いた。自身の原稿ではそこまで書いていないが、名歌誕生の裏話として紹介しておきたい。［前］

吉井勇歌碑（大通公園西4丁目）
平成29年（2017）

ライラック
昭和36年（1961）〈北海道新聞社〉
ライラックは昭和35年に「さっぽろの木」に選ばれ、前年にはライラックまつりも始まっていた。まつりは例年5月下旬の開催だが開花時期は開きが大きく、年によって記事には「期間中に数輪でも咲いてくれれば」「（見ごろは過ぎて）“花抜き”になりそう」といった関係者の声が見えている

リンゴ

昭和33年（1958）〈北海道新聞社〉

3月半ば、郊外の平岸ではリンゴの枝の剪定が真っ盛り。ハサミとノコを上手に操りながら、無駄な枝は1本も見落とさずに切り取っていく。平岸の栽培面積のピークは昭和25年ごろの280万m^2で、うち34万m^2が木の花団地になった。38年時点で残っているのは全盛時の3分の1以下の80万m^2。リンゴ園は藻岩、簾舞、藤の沢、月寒へと移っていった。昭和41年時点での道内のリンゴは、4700haに約94万本があり、年間6万t前後を生産している。品種別では34%の国光と19%の紅玉だけで半分以上を占めているが、消費者の好みの変化からデリシャス系の高級品の需要が高まり、国光・紅玉は売れ行きが鈍り気味だ。現在、豊平区美園の環状線にあるリンゴ並木は、49年に地元の人たちによって植えられたもの

リンゴ

市中央図書館を挟んで北側一帯はリンゴ園、南側は現自衛隊駐屯地を含む一帯がホップ園だった。

リンゴは、お雇い外国人の長・ケプロンが最も推奨した果物だ。山鼻のほか、豊平川の右岸・平岸や中の島、琴似、元村など、市街地をぐるりと取り巻いて果樹園があった。今は全て市街化し、わずかに豊平区役所近くのリンゴ並木に姿をとどめる程度になった。［朝］

田植え

昭和33年（1958）〈北海道新聞社〉

写真は手稲での光景である。札幌の発展により、昭和30年代には農地の宅地化、公共用地化、工業用地への転換が本格化した。昭和30年から47年への経営耕地面積の減少率は58.8%で、田畑別で見ると、畑が65.2%だったのに対して田は37.8%と、緩やかだった。45年に生産調整が実施されるまで、コメは販売や価格の面で比較的安定し、畑作に対して優位性を保っていたからである。作付面積は30年の3014haから38年の4941haまで増加をたどったが、45年以降は大きく減少し、47年には1270haとなった。決定的に落ち込んだのはコメの生産調整のためであり、50年代後半以降は転作率が90%台を続け、極端に低い水準となった。作付面積の大きかった地域としては篠路、白石、豊平、手稲、琴似などがある

海水浴場行きのバスに大行列

昭和39年(1964)〈北海道新聞社〉

夏休み最初の日曜の7月26日、バスを平常の3、4倍増発してピストン輸送しても、停留所には長い列ができた。この年には自家用車族が増えたのも大きな特徴で、札樽国道は車がぎっしり並び、浜では駐車場を探すのにやっきとなる姿も見られた

海水浴に向かう客で混雑する札幌駅

昭和28年（1953）〈北海道新聞社〉

そろそろお盆という8月10日、朝からの好天に札幌駅には海水浴客が殺到し、小樽の銭函、蘭島両海水浴場方面への6本の臨時列車はどれも超満員。午前中だけで、銭函駅で1万3千人、蘭島駅で6千人が下車するにぎわいだった

夏休み最後のプールのにぎわい

昭和41年（1966）〈北海道新聞社〉

8月17日、中島プールには終了前の夏休みを惜しむ子供たちが訪れたが、午後3時過ぎの通り雨で入場者は4千人近くにとどまった。戦前からのこのプールは昭和26年に大規模改修、33年に有料化があり、40年にはそれまで鴨々川の水を引き入れていたものが水道水に切り替えられた。その後、改築された2代目が昭和44年にオープンしたが、温水プールや学校プールの普及により、平成8年（1996）8月で廃止された

「子供盆おどり唄」お披露目

昭和27年（1952）〈北海道新聞社〉

北海道独自の文化と言える「子供盆おどり唄」が作られた年の、南2条西3丁目路上での踊りの光景である。それまでの、盆になると子供たちが大人にまじってあまり芳しくない踊りをしているという声を受けて道教委と札幌市教委の担当者が子供向けの曲と踊りの作成に動き、この年に発表された。作詞坪松一郎、作曲山本雅之で、振り付けは睦哲也が担い、レコードはキングから発売された

早くも冬支度

昭和31年（1956）〈北海道新聞社〉

暖房用石炭の運搬は、まだ真夏すら来ていないうちから始まっていた。これは7月初旬の光景である。昭和29年まで下がり傾向だった石炭の値段は、産業が立ち直ったことで30年から上昇に転じ、31年には粉炭がトン当たり千円も上がった。記事には「家庭用を大口客の道連れにしなくてもいいのでは」という声が紹介されている

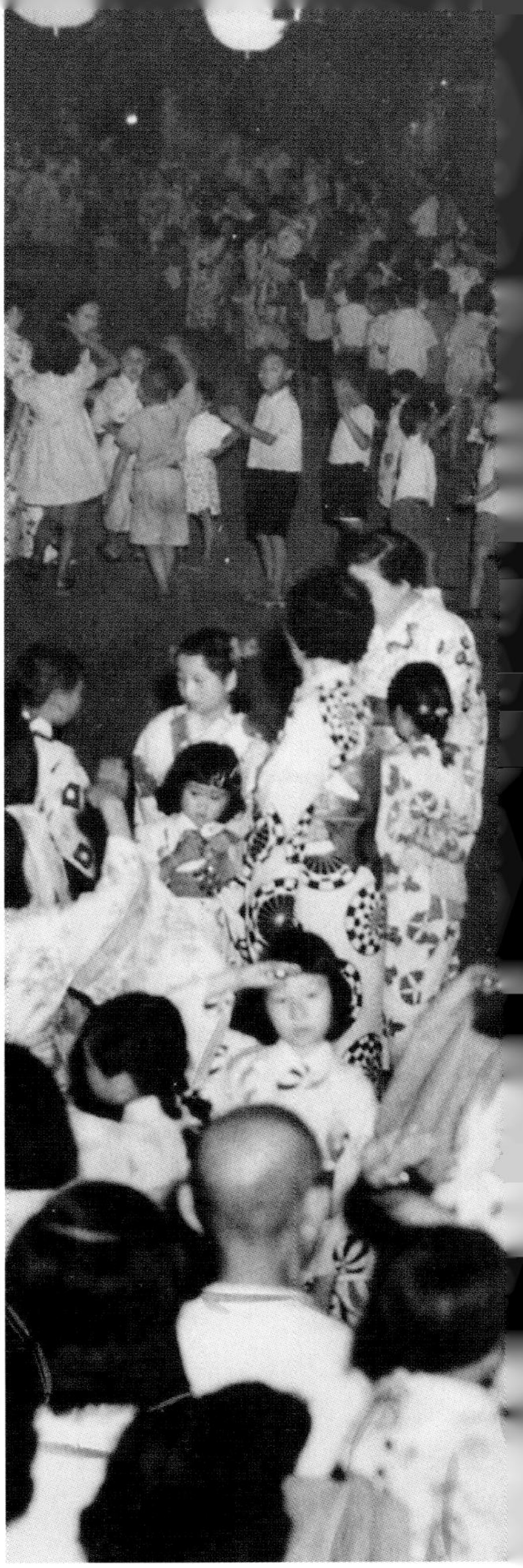

秋

ホップ

ホップは細くて高いポプラを並べたように植えてあった。長い棒の先が二股になった道具で実を外す。市中央図書館南側のホップ園で、小学校の上級生が動員されて、学校単位で担任に連れられて一日働いたこともあった。札幌名産のビールの苦味と爽やかさは、このホップによってつくられる。［朝］

ホップ摘み

昭和28年(1953)〈北海道新聞社〉

札幌にビール醸造所が設けられた背景には、ビールに苦みと香りを与える野生のホップの存在があった。ホップ園は明治10年(1877)に道庁東側、19年に上白石村(現白石区菊水元町)、30年に苗穂村御料地に設けられ、山鼻へと拡大された。ホップの花摘みは8月半ばに始まって市民に初秋の訪れを感じさせた。ホップ摘みには主婦のほか小・中学生も当たり、昭和24年には200人余りが従事した。摘み代は1kg6円で、平均20kg収穫し、1日120〜130円の収入となった。摘み代は29年・31年には1kg10円、33年には12円とある

タマネギの取り入れ

昭和31年（1956）〈北海道新聞社〉

9月半ば、初秋の強い日差しの中、タマネギ産地の元町、丘珠方面では取り入れの真っ盛りを迎えていた。タマネギをひとつひとつ拾い上げてはかごに詰め、木箱で組んだ大きなわくの中に入れて乾燥する。稲作の悪い年はタマネギが良いとあって、今年は凶作を嘆く水田地帯をしり目に、数年ぶりの大豊作と、表情は明るい。タマネギ栽培を札幌村に定着させたのは明治15年（1882）に長野県から移住してきた武井惣蔵が栽培方法を研究したことによるという。その後、24、5年頃より作付面積が増え、日清戦争以後需要の増大と価格の騰貴で作付けが増加し、輸出品となった

そり作り急ピッチ

昭和32年（1957）〈北海道新聞社〉

作っているのは、北海道の代表的な子供用そりである。北海道開拓記念館編『北海道の手橇』によれば、大正末〜昭和初期に考案され、職人たちが「曲げそり」「文化そり」と称したもので、短期間に全道に普及し、広く使用された。アカダモ（ハルニレ）の1寸（約3cm）角、長さ5尺（約150cm）の材を曲げ、押し手とひじ掛けを付け、裏金を打ったものである。プラスチック製のそりが出回るまではこのタイプが一般的だった。昭和26年の価格は、上650円、並350〜450円

竹の雪かき作り

昭和40年（1965）〈北海道新聞社〉

市内の竹細工店では竹の雪かき作りが忙しさを増している。毎年暖国からの転勤者を迎え、需要が多い。この店では器用な手先から、青竹の色もすがすがしい雪かきが次々生まれていく。冷え込みが進む11月、作業のピッチは上がっている

冬の道具

割り竹を亀甲状に編んで柄をつけた、雪よけ用のジョンバ。今の雪かき用スコップと同じ形をしていた。家の前の除雪にはなくてはならない道具だった。これを使って降り積もった雪を両側に跳ね上げて玄関正面を空けるのが、雪の朝一番の仕事だった。

小さな椅子の形をした子供用のそりは、遊びになくてはならないものだった。雪との接触面に鉄を貼るか、ろうを塗るかして、滑りを良くし、引き綱をつければ出来上がり。店の奥には荷物運搬用のそりも見える。［朝］

てんてこ舞いの仕立屋

昭和26年(1951)〈北海道新聞社〉

冬のオーバーは生活必需品。11月初め、市内最大の製作能力を持つ店では1日30〜50着の注文に100人の針子を総動員し、連日の夜業で仕事を急いでいる。値段は紳士もの・婦人ものともに、最低1万5〜6千円、舶来高級品は軽く3〜4万円した

クリスマスイブのすすきの

昭和35年（1960）〈北海道新聞社〉

すすきのの街は人波でごった返し、午後10時過ぎにはクラッカーの「パーン、パーン」という音がはじけて最高潮。キャバレーは超満員で、狸小路のダンスホールも男女のカップルがむせ返るような混雑の中で踊っていた

クリスマスを終夜踊り狂う人たち

昭和31年(1956)〈北海道新聞社〉

クリスマスイブのすすきのは、2万枚のクリスマス券をさばいたキャバレー、200円で終夜陶酔するアベックで芋を洗うようなダンスホール、キャンドルサービスの深夜喫茶、徹夜興行の新手を繰り出した映画館など、騒ぎのうちに夜が更けた。芸者は宵から全部約束済み、女給は番の掛け持ちでドレスのすそも切れそうだとか。キャバレーのクリスマス券は、標準は1枚千円で、有効期間は大体20日〜月末

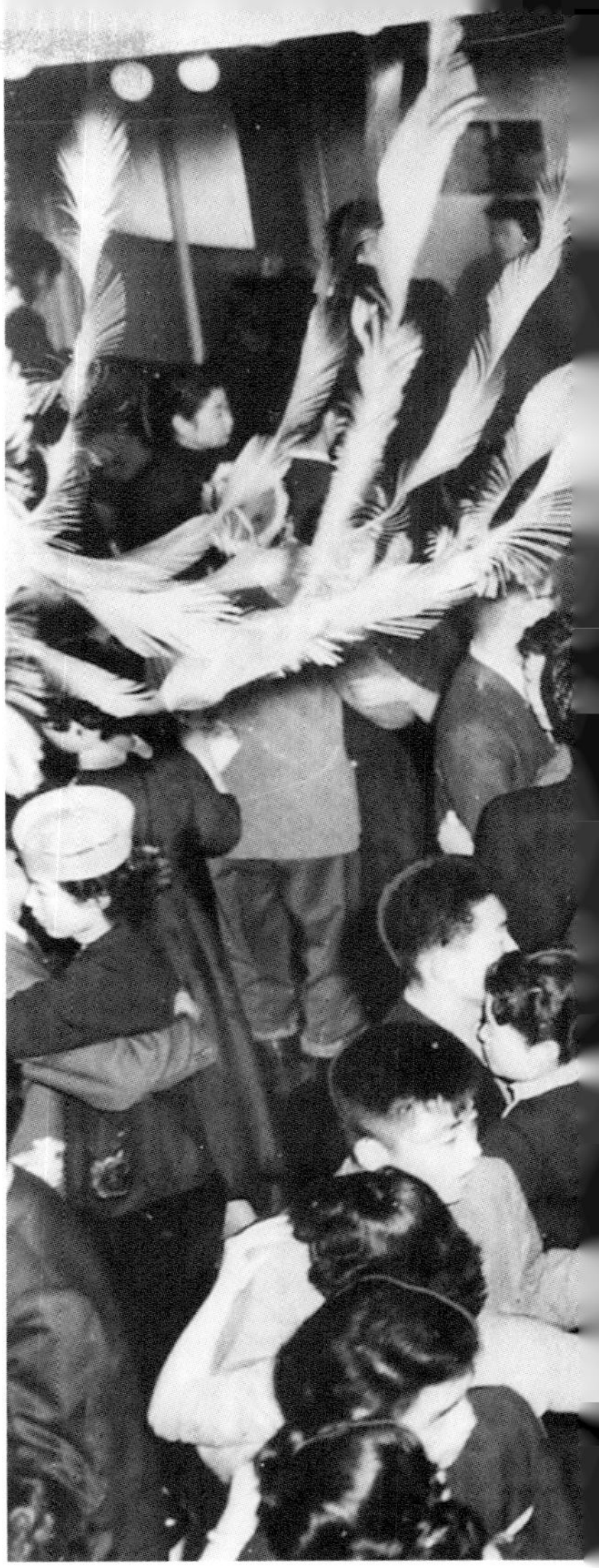

つらら(南3西5)

昭和28年(1953)〈札幌市公文書館〉

したたり落ちる水が凍ってできるつららは、何本もが互いに凍りついて帯状になることもよくある。軒先のつららは、主として屋根を通って逃げる暖房の熱によって屋根上の雪が解け、その解け水が軒先から滴下するときにできるので、屋根の断熱を良くすると出来にくくなる(「北海道大百科事典」田畑忠司)。これほど大きなつららは、最近は珍しくなった

日雇い労務者による電車線路の除雪

昭和28年（1953）〈北海道新聞社〉

年末には仕事がなかった日雇い労務者たちも、年明け後は連日の降雪で、電車線路の除雪の仕事に就くことができた。毎日400〜500人が従事して「あぶれ」は全くないとのことで、記事には「恵みの雪」という見出しがつけられている。

「ニコヨン」とも呼ばれた日雇い労務者たちは1日仕事にあぶれただけで家族が飢える。道は昭和30年春、札幌、小樽、函館で失業対策事業特別指導訓練を始め、2カ月後には500人を公共事業工事に送り込む取り組みを始めた。失業対策という言葉は一般的な状況としては昭和28年まで見られ、32年には米駐留軍の大量解雇によるものがあった。公共職業安定所が日雇い労務者と家族を対象に慰安大会を開いたこともある

大雪の日

昭和39年（1964）〈札幌市公文書館〉

自動車は締まっていない雪道でタイヤを取られると身動きならなくなってしまう。車体が大きくて重いバスだと運転手ひとりでは手の施しようがない。写真は、そんな状態に陥ったバスを、数人で押して救出している光景である。前輪は路肩から脱出できたようだから、これで走行できるだろう。路線は「バスセンター—琴似駅—新琴似小学校」とある

下駄の山

昭和35年（1960）〈北海道新聞社〉

雪の多い札幌では、2月ともなると春からの注文に備えて下駄づくりが急ピッチ。市内4軒の下駄メーカーには仕上げ前の下駄の山が空高く積み上げられて、高さ6mから7mの塔をいくつも並べている。ひとつの塔はざっと700～800足。しばらくの間、外気に当てて乾燥すると、やがて上からひとつずつおろされて工場へ。仕上げのかんなかけと塗装を終えると、カランコロンと初夏の舗道に快い音を響かせる商品となる

昭和30年代の生活

タイプライター

昭和29年（1954）〈札幌市公文書館〉

邦文タイプライターを相手に公式文書をきれいに打ち上げるタイピストは、大正から昭和初期にかけて、華やかさを漂わせた職種として女性の間に定着した。ひとつずつ文字を打ち込んでいくキーの音は、職場に活気や緊張感をもたらしていた

野球風景

昭和32年（1957）〈札幌市公文書館〉

職場のチームによる試合だろう。野球は職場のレクリエーションとしても行われた。休日には朝早い時間からの試合もあり、父親は連れて行った家族にいいところを見せようと張り切った。応援席にいるネクタイ姿の男性は職場の上司だろうか。体育館側面の控え壁の補修のさまに時代が感じられる

札幌・昭和三十年代

今はもう、昭和という時代でさえ、「昔」という言葉でくくられるほどになった。

昔は良かったなどと回顧するときは、昭和三十年代を指すことが多いようだ。この年代は前半と後半とでは大きく異なる。前半はまだ戦争の傷が残って貧しい暮らし。派手さはないが、戦後の混乱も落ち着き、家庭生活はそれなりに安定していた。札幌テレビ塔の建築もこの頃だし、何かが変わっていく気配に満ちていた。

が、車社会の到来はまだで、馬車や馬そりが運送の中心だったし、テレビよりもラジオがずっと多く普及していた。

この穏和な社会に近代化の火をつけたのは、昭和三十三年（一九五八）の北海道大博覧会の開催だろうか。豊平館の移築、新聞の全国紙の札幌印刷開始、道内初のディーゼル特急運行開始などがあり、昭和三十年代後半以降は都市改造が着々と行われ、昭和四十七年（一九七二）の冬季オリンピックへなだれ込んでいく。

そして平成の時代まで、札幌は他都市同様、バブルに身を委ねることになる。［朝］

そり遊び

昭和32年（1957）〈札幌市公文書館〉

冬の子供たちをとらえた写真である。屋根の雪がなくなり、道路上の雪山の高さが減っているうえに黒っぽくなっていることから、春も近い時期になっていたことが読み取れる。そりは背当てと手すりの付いたタイプである（72ページ参照）

遊具に乗って（上）
すべり台（右）

昭和32年（1957）〈札幌市公文書館〉
場所はデパートだろうか。デパートというのは家族にとっての特別の場で、親も子も「よそ行き」を着て出掛けたものだった。子供たちが兄弟ともにおしゃれな帽子を身に着けているのも「普段着」の装いではなかったことを示している。子供にとっては、有料の遊具に乗せてもらうことに、楽しさに加えてちょっと緊張感も伴っていたようだ

札幌市公文書館の写真ライブラリーに、「昭和30年代の生活」と題された12点の写真がある。生活感に満ちた日常の光景であるところが大きな魅力であり、安定期から急成長期へと移る時期の市民の気取りのない姿がとらえられている

街頭風景

平和な時代がはじまる

女性の普段着の移り変わりを見ていると、時代がすうっと見えてくる。

家庭の女性、力仕事で働く女性、素朴で能率的である。

この一枚、失礼だけれど、そこいらにいるおかみさん。夕方、近くの市場にでも行った帰りだろうか。懐かしいなあという気持ちになる。今の奥様方はもう少し気取っているのかな。

戦争と混乱が落ち着いたころ、最も平和なころの、平均的な主婦の姿だ。［朝］

駅前通り点描

昭和30年（1955）〈札幌市公文書館〉

左は、おんぶひもで子供を背負い、買い物かごを手に歩くお母さん。右のお母さんはポケット付きの前掛けを着け、子供はひもなしで背におぶさっている。このころ買い物には、いまのマイバッグたる「かご」を提げて行くのが当たり前だった。かごは竹製やイグサを編んだもののほか、針金の骨にビニール素材を巻いたものも登場した

テレビ放送始まる

昭和30年(1955)〈北海道新聞社〉

北海道放送(HBC)テレビ実験局が7月1日に開局した。昼の番組は午前11時50分から午後1時まで。市内のラジオ店、喫茶店などテレビ受像機を置いた店先には昼休みの勤め人などがドッと集まり、身動きできないほどの人だかりができた。本放送は昭和32年4月1日スタート。NHK札幌放送局は31年12月22日にテレビ放送を開始した

輪タク屋さんの昼寝

昭和27年（1952）〈北海道新聞社〉

輪タク（りんたく）は自転車の後部に客席を取り付けた「自転車タクシー」の略語で、戦後の数年間流行した。札幌市でも昭和27年に「旅客軽車両（リンタク）条例」が可決された。この日は夏型気候となり、体力を誇る輪タク屋さんも、商売道具の座席にぐったりのびて、しばし緑陰で昼寝のひとときだ

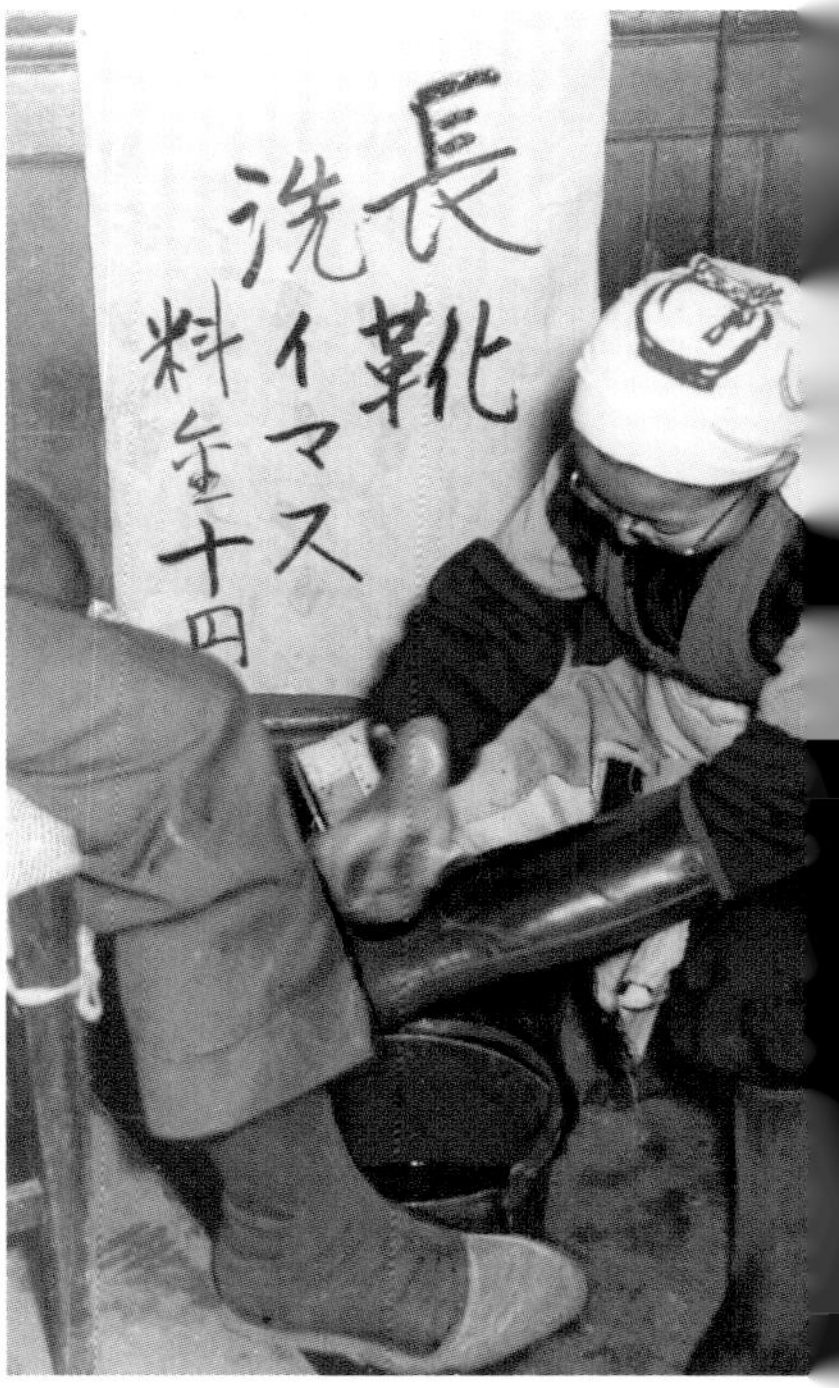

長靴洗い

昭和25年（1950）〈北海道新聞社〉
札幌駅に開店した新商売長靴洗い。12月初めの光景である。革靴が広く普及するようになったのは戦後のことで、初冬のこの季節、長靴を履いて札幌駅からほど近い官庁や会社を訪れる人たちが立ち寄ったのだろうか。この年の靴磨き料金は30円だったから「料金10円」は安いが、水を使うから寒さはこたえただろう。いつまで続いたのだろうか

夏を呼ぶ風鈴

昭和33年（1958）〈北海道新聞社〉
チリン、チリン―そよぐ風に風鈴が立てる音は暑さの中で一服の清涼感を味わわせてくれる。夏を彩る風鈴は、店での販売のほか、いっぱいの商品を前後につったてんびん棒を肩にした担ぎ売りの手でも商われた

かつぎ屋

昭和27年（1952）〈北海道新聞社〉

浜で魚を仕入れて農村部で売る「かつぎ屋」は、このころにはれっきとした職業になっていた。道衛生部によると、「魚介類行商」鑑札の発行数は昭和27年8月末現在、全道で5900人。もぐりを入れると1万人を上回るだろうという。若者なら50kg、老人や女性でも半分近い荷物をかついで回る汗まみれになる仕事だが、物々交換で米を入手して戻れば往復共に商売になるという

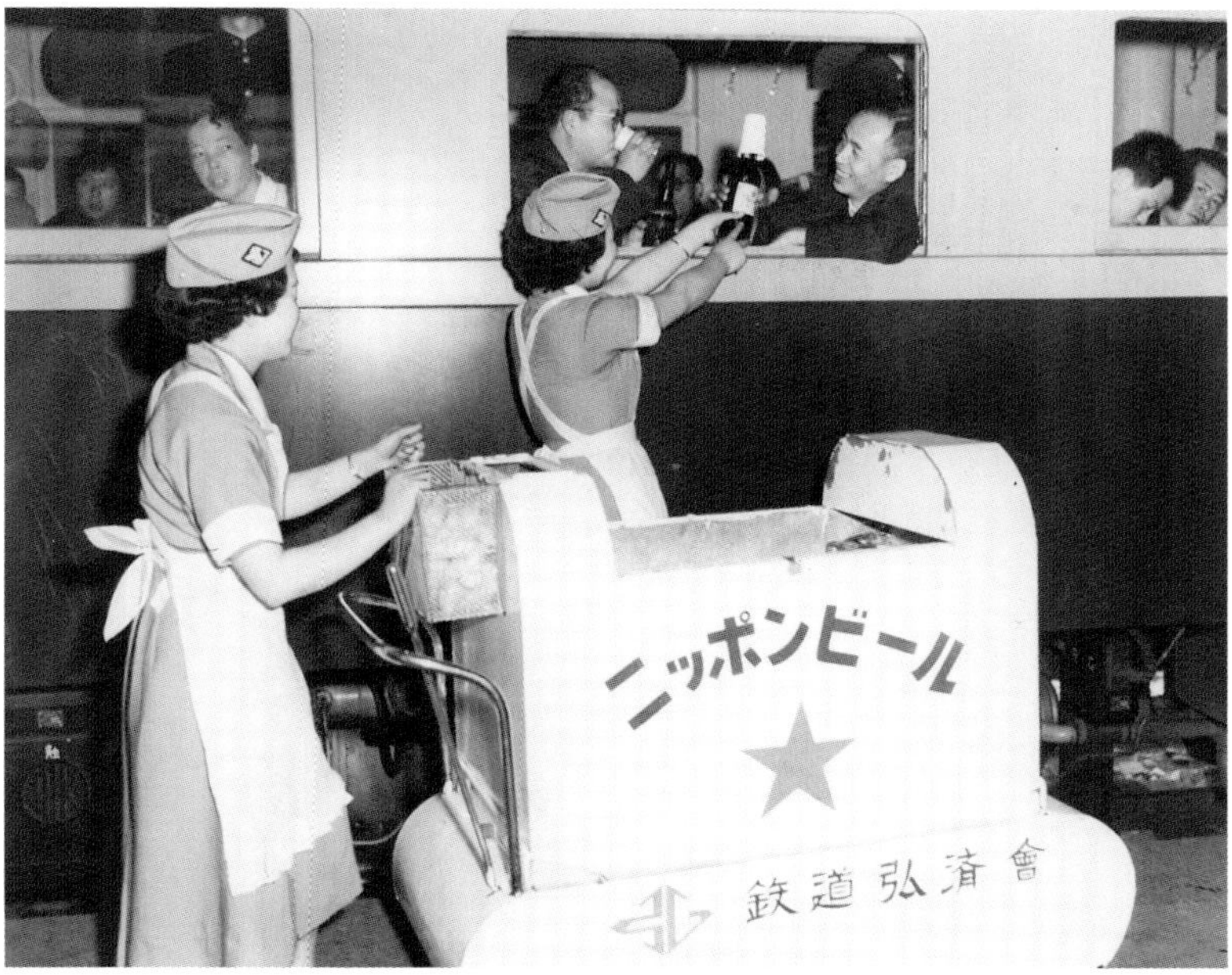

札幌駅ホームに現れたビール嬢

昭和30年（1955）〈北海道新聞社〉

真っ白の手押し車に生ビールを仕込み、客車の窓から窓へ「ビールはいかが」と涼味を振りまくビール嬢。初日から大繁盛だった。「ニッポンビール」は昭和24年（1949）の過度経済力集中排除法で朝日麦酒との2社に分割された日本麦酒の商標である。その後、歴史ある「サッポロビール」を懐かしむ声に応えるべく、31年に発祥の地・北海道でその名を復活させ、翌年には全国的に復活販売。39年、社名もサッポロビールに変更した

改札鋏

昭和28年（1953）〈北海道新聞社〉

写真は雪まつりから帰る客で混雑する札幌駅の光景。駅員が切符に改札鋏（かいさつきょう）でパンチを入れている。このハサミは明治時代から用いられてきたが、切符の切りくずが床に散ったり気ぜわしい金属音が出たりするのが欠点とされ、JR北海道は平成4年（1992）1月20日、全駅一斉にスタンプに切り替えた。駅員が、客足が途切れた間も手を休ませることなくハサミをカチカチ鳴らし続けていた光景も過去のものとなって久しい

道路補修工事

昭和28年（1953）〈札幌市公文書館〉

市はこの年、舗装道路新設8年計画と下水及び側溝新設改修10年計画を開始し、市内各所で道路工事が進められた。39年には道路清掃事務所が設置された（62年、施設清掃事務所に改称）。この写真のような住宅街のほか、1日6千台の車が往来する北1条通りも、デコボコをかこっていた舗装の全面改装工事が30年春から始まり、150人の作業員がアスファルト起こしに着手した

道路舗装

市内の道路は砂利道が普通だった。電車が走る道も、オート三輪がせかせかと動き回る道も、みんな砂ぼこりをあげていた。アスファルトの簡易な舗装が工夫されておらず、舗装には大がかりな手間と費用がかかったせいかもしれない。

道庁を囲む道は、町の中心にありながら舗装はずっと遅かった。実は庁舎を城に見立て、道を堀に見立てて、この堀を埋めるのは落城に近いとエライ人が考えていたという説があるが、本当だろうか。［朝］

舗装工事

昭和43年（1968）〈北海道新聞社〉

11月末ともなると、この年の市道舗装工事はほとんど終わった。舗装延長は25.5㎞延びて198㎞となり、舗装率は11％強となった。市道はオリンピック関連の新設や団地造成による郊外の市街化などで伸びる一方だが、その分も含め、46年度までに舗装率を21.1％に上げる計画だ。写真は北6東3での光景

自動車の列（北4西3、駅前通り）

昭和35年（1960）〈札幌市公文書館〉

馬フン条例

昭和32年（1957）〈北海道新聞社〉

3月、市清掃部の係員12人が6班に分かれ、通行中の馬が「おむつ」を着けているかどうかの一斉取り締まりを行った。条例違反で始末書を取られた15人余の馬夫は、札幌地検に告発されて罰金刑を受けることになる。
市が清掃条例を全面改正して馬におむつ着用を義務化するという全国でも珍しい措置を取った（通称「馬フン条例」）のは昭和29年のこと。馬が冬の間に道路に落とした馬フンが雪解け期に風に舞うのを防ぐのが目的だった。明治35年（1902）には既に、豊平村で巡査が戸ごとに処理を厳重注意し不服従の者を告発処分の対象としたという記事がある

馬フン風・馬フン条例

馬フン風は札幌の雪解け頃、春を呼ぶ風物詩だと言われた。この風がもたらす不快感を少しでも軽くしようとする気持ちが、風物詩と呼ばせたのだろう。馬車は札幌市内の物資輸送の主力だった。昭和三十年（一九五五）ごろでも市内におよそ四千頭が飼われ、そのうち千頭が荷馬車として市内を行き交っていた。問題はフンである。馬は歩きながらでも脱糞した。冬は凍りついて道路に残り、積み重なった。

春、やがて乾燥し、南風に乗って舞い上がる。冬の一日に札幌市内で排泄される馬フンは十五トンというから、市内はまさに粉々になった乾いたフン風に包まれたのだ。

そこで市は、馬のお尻におむつを当てるようにという条例をつくった。路上に落とさず持ち帰らせようというわけだ。この珍奇な風物詩は、車が馬に取って代わるまで続いた。［朝］

弾丸道路

昭和31年（1956）〈北海道新聞社〉

昭和29年に撤退した駐留軍の置き土産の「ピカ一《いち》」は札幌─千歳間34.5kmの「弾丸道路」だった。27年10月の着工からわずか1年という突貫工事で造られたもので、温度変化に敏感なアスファルト舗装の障害を克服し凍上の問題も解決するなど、工法的にも寒冷地の工事としても画期的なものだった。総工費は8億6400万円。連日2千台を超えるジープ、ハイヤー、トラックなどが行き交っている。

その開通を報じる28年の記事には「札幌、千歳間約1時間20分の所要時間が40分前後に短縮された」とあり、29年には「交通事故は隔日に1度」とある

踏切

昭和28年（1953）〈北海道新聞社〉

創成川の両側にかかる石狩街道の踏切は、桑園―札幌―苗穂間の9つの踏切で最も交通量が多い。札幌―苗穂間を通る列車のほか札幌駅貨物ホームに出入りする入れ替え列車がひんぱんに通るため、1日に225回も遮断される。足止めを食った通行人、自動車、馬車、自転車が長い行列を作って踏切が開くのを待つ状態が続いている

石狩陸橋

昭和44年（1969）〈北海道新聞社〉

石狩陸橋は6年がかりの工事の末、昭和36年秋に完成した。幅員は車道13m、歩道が2.5mずつだった。工事費は3億3千万円で、東北・北海道では最大の規模という道開発局ご自慢の橋だった。しかし交通量は、38年に1日5千台だったものが41年には12時間当たり3万2647台と急増したことから、10年ほどで6車線に拡幅された

除雪電車

昭和35年（1960）〈札幌市公文書館〉

昭和30年2月の吹雪の記事では、市電の除雪にブルーム式除雪電車（ササラ電車）5台、ブルドーザー8台、トラクター2台など全機動力を駆使しても追いつかず、日雇い人夫120人を雇用したとある。ササラ電車は開業間もない大正後期から市民の足を守り続けており、昭和20〜30年代にはラッセル車の活躍も目立っている

市電の散水車

昭和33年（1958）〈北海道新聞社〉

道路の舗装が十分でなかったころ、雪解けは砂ぼこりシーズンの始まりをも意味した。4月19日の散水車初出動を報じたこの記事には、「今夏は散水車5台をフル運転して"ばい煙の街"にかわる"砂じんの街"の汚名を洗い流そうと意気込んでいる」とある。散水車は10月中旬まで適時出動する。3年前の記事では、散水車は4両で、純白に塗った水槽に満々の水を詰め込んで出動するが、馬フン風で乾き切った軌道上を4kmも走ればタンクは空っぽ。交通局では「水道料だけでもなかなかバカになりません」と語っているとある。

大正7年（1918）に開通し昭和2年（1927）に市営化された路面電車は、路線を拡張しながら市民の足として親しまれていたが、自動車が増加したり地下鉄にその役割を譲ったりして縮小化が進み、49年にはすすきのから山鼻線、西線を回って西4丁目に至る、中心部の1路線だけとなった。平成27年（2015）には駅前通りの西4丁目とすすきのを結ぶ線路が復活してループ化され、利便性が増した

バスガイドコンクール

昭和30年(1955)〈北海道新聞社〉
春の観光シーズン入りを控えた1月、札幌陸運局と道バス協会共催で開かれた。観光ガイドと定期バス案内の2部門で、全道各社から選ばれた37人がグレーや紺の制服を身に着けて舞台に臨み、巧みなジェスチャーを交えながらの案内ぶりで日ごろの成果を競った

ワンマンバス

昭和36年(1961)〈北海道新聞社〉
札幌市交通局に導入された初のワンマンバス。「セルフサービス」方式で、乗客は前の乗車口から乗り込むときに料金を払い、中央の降車口から降りる。車掌の人件費を浮かせて赤字路線を解消しようという狙いで、4月末に大通—桑園間で走り始めた。
札幌に初めてバスが走ったのは大正12年(1923)で、札幌乗合自動車により山鼻—大学病院、札幌駅—元村入口の2路線で運行された。昭和5〜9年には市営、定山渓鉄道、省営(鉄道省)のバスも走るようになり、13年には市営バスがガソリンに代えて木炭車を走らせた。戦後の26年には市営定期観光バスも始まっている。交通渋滞対策として、ラッシュ時にバス専用レーンが導入されたのは48年10月である

メリーゴーラウンド

昭和30年(1955)〈北海道新聞社〉

モーターの代わりに手でぐるぐる回すというたって原始的なメリーゴーラウンドが大通公園にお目見えした。大きな日傘の下の木馬にまたがった子供たちが、エプロン姿の女性たちの手でたっぷり5分ほども回されて大はしゃぎ。庶民的な新商売は、1回5円

春先の大通公園

昭和39年(1964)〈札幌市公文書館〉

昼休みの光景だろう。手前では制服姿の女性たちが、奥では男女が入り交じってバレーボールに興じており、雪が解けて地面も乾き、外での活動に適した季節を迎えた喜びが感じられる。右奥に北海道拓殖銀行本店が見えているから、場所は大通西4丁目である。花壇の花々や噴水が目を楽しませてくれる季節はもうすぐだ

噴水

昭和37年（1962）〈北海道新聞社〉

この年7月、大通公園西3丁目に大噴水が竣工した。北海道拓殖銀行が本店落成を記念し工費1500万円をかけて造ったもので、水柱の高さは6m。夜は赤、黄、青の照明に照らされて、さまざまな色模様を描いた。43年には西4丁目にも北海道銀行寄贈の噴水ができた。3丁目の現在の噴水は平成3年（1991）に更新されたものである

トウキビ売り

昭和45年（1970）〈北海道新聞社〉

この年春、「値上げだらけの身の回り」という記事に、「大通公園名物のトウキビ」も挙げられている。値段は「焼き」65円、「ゆで」60円と、いずれも10円上がった。年間の販売見込み数は前年比20％増の100万本。平成29年（2017）の価格は「焼き」「ゆで」ともに300円。

大通公園のトウキビ販売の始まりは、明治18年（1885）までさかのぼる。小作農家の女性が生活資金を得るために、家で作った焼きトウキビを売ったのだという。やがてリヤカーで引くトウキビ屋台が並ぶようになった。昭和40年、札幌五輪開催を前にして札幌市は、トウキビ、バナナ、わたあめ、ジュース、まんじゅうなど100台近くが乱立する屋台は通行の邪魔になり衛生的にも問題があるという理由でその撤去に乗り出したが、風物詩を残そうと、42年から札幌観光協会直営のトウキビワゴンが販売に当たるようになった。当時の価格は、冷凍か生かの違いなどにより1本20〜40円だった

狸小路のおとそサービス

昭和31年（1956）〈北海道新聞社〉

狸小路の初売り恒例のおとそサービスで、四斗だる2本を街頭に据え、キレイどころ10人が街行く人たちに振る舞った。客の中には「もう1杯」とか「ご返杯を」という人もいて酔いつぶれる芸妓もいる始末。たるは約3時間でカラになった

市の出動にあわてて屋台をたたむ出店者たち

昭和39年（1964）〈北海道新聞社〉

この年10月、市は、「暴力団が手を伸ばし犯罪の温床となっている」と指摘されていたすすきのの道路上の屋台171軒に立ち退きを迫った

すすきのの匂い

戦後のすすきのは米兵から始まったような気がする。制服を着崩した彼らがわが物顔で歩きまわり、白い腕章のＭＰ（憲兵）がパトロールを繰り返し、夜の女と輪タクが暗い街かどにたむろしていた。

そのころ、日本人は一様に目を伏せ、ぼそぼそと小声で話をしていた。日本人が飲むものといえば、危険なメチルアルコールの酒〝バクダン〟やカストリ、ドブロク、にせの電気ブラン。奇妙な酒を、いわば命がけで、やけくそで飲んでいた。

やがて、ラーメン屋台が並びはじめ、〝つぶやき〟という行灯が路上にずらりと並んで椅子代わりの木箱に腰かけた客が、つぶやきの香りに目を細めるようになった。

〝つぶやき〟は〝呟き〟ではない。「ツブ焼き」だ。巻貝に醤油をたらして焼くあの香ばしい匂いは、どこまでも通る人たちを追ってきた。あの匂いは戦後のすすきのそのものだった。

ツブはいつごろ、なぜ消えたのだろう。残っていれば、今でも文化としてあるに違いないのだが……。［朝］

「犯罪の温床」と指摘された屋台団地

昭和47年（1972）〈北海道新聞社〉

通称「屋台団地」は南5条西5〜6丁目にあり、この年6月時点で80軒が連なっていた。犯罪の温床ともなっていたことから、中央署は「薄野浄化対策本部」を設置して覚せい剤販売や管理売春などの取り締まり強化に乗り出した

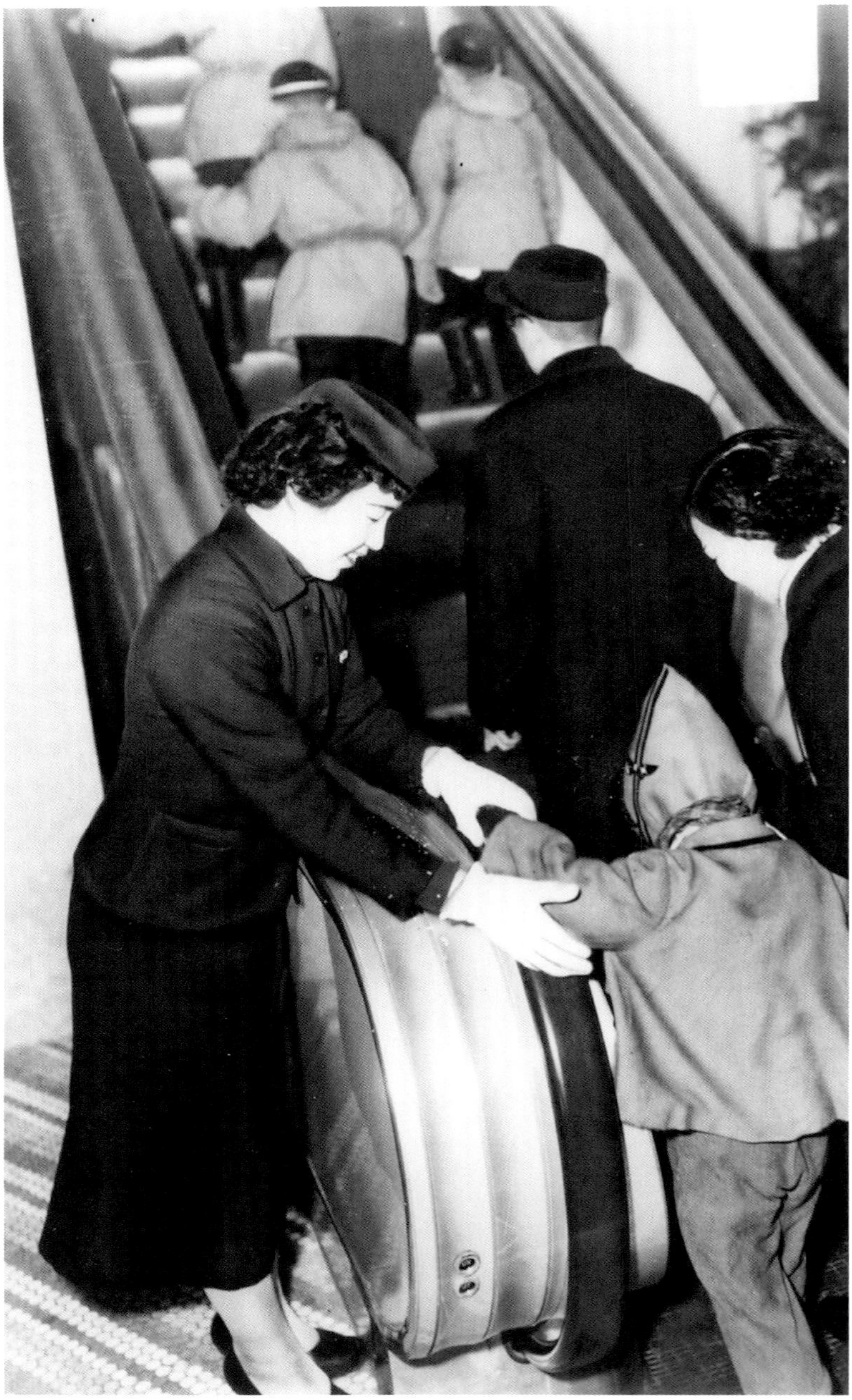

エスカレーターガール

昭和31年（1956）〈北海道新聞社〉

前年8月に道内で初めて「動く階段」エスカレーターが1階から3階まで取り付けられた丸井今井デパートでは、介添え役のエスカレーターガールが1時間交代で3人ずつ乗降口に立っている。「たまにはステンと転ぶお客様もありますけど、すぐボタンを押してストップさせますからケガはございません」。エスカレーター機材の搬入は馬車で行われた

電話ボックス

昭和30年（1955）〈北海道新聞社〉

市内の電話の自動化は昭和25年（1950）から始まって翌年完了した。25年には初めて市内局番（1けた）も付き、37年から2けた（市外局番0122）、45年には3けた（同011）となった。写真の電話ボックスはそれまでの木造タイプから鋼鉄製に切り替えられたもので29年に初登場。クリーム色のボディーに赤い屋根がつき、「丹頂ボックス」という愛称で呼ばれた

円山朝市

昭和31年（1956）〈北海道新聞社〉

昭和24年の記事は、円山朝市の様子を以下のように書いている。まだ夜も明けない午前2時半ごろから開かれ、100人近くの生産者と300人ほどの小売業者による卸取引で活気を呈している。かつては競りだったが、いまは、盤渓や西野から野菜をリヤカーやかごに積んで来た生産者たちと現金を握った小売業者たちの間での直取引だ。日による値動きはかなり激しい。写真は31年の撮影で、早朝から三輪車、トラック、リヤカーが札樽国道をふさぐほどで、苦情も出ていたという

井戸水を使う家庭

昭和40年（1965）〈北海道新聞社〉

昭和28年の記事中にある札幌の水道普及率は44.1％である。10大都市のうち次に低い仙台と川崎でさえ77.4％だから、その低さはけた外れだった。札幌では12年に水道が設けられ、翌年の普及率は54.1％だったから、15年間で10ポイント低下したことになる。理由としては人口の急膨張と戦争が重なったことなどが挙げられており、以降2年間の拡張計画を実施しても、人口の伸び予想から普及率の向上は望めないという。この写真が掲載された40年時点でも井戸水を使う家庭はまだまだ多かった

ミニスカートの時代

昭和47年（1972）〈札幌市公文書館〉

昭和40年、イギリスに始まった「ミニスカート旋風」は翌年日本にも上陸。「日本女性の太くて短い足には似合わない」などと言われながらも、あっという間にヤングから中年女性にまで広がった。ミニスカートの流行と切り離せないものにパンティーストッキングがある。43年に発売されるや軽やかなはき心地がカジュアルな装いを志向する女性の要求にピッタリ合って、爆発的にヒットした。ミニスカートブームは10年ほどで下火になったが、パンストは完全に女性の必需品になった

初ニシンを焼く

昭和29年（1954）〈北海道新聞社〉

春の食卓をにぎわすのはニシンで、夕方になると七輪の上でニシンを焼く光景があちこちで見られた。また箱で購入したニシンを、ぬか漬けにしたり、開きニシンや身欠きニシンとして吊るし干しすることも広く行われた。

ニシン漁は北海道開拓の歴史とともに活況を呈した。明治時代に松前・江差を中心に百万石（約75万t）前後の漁獲が続く最盛期を迎え、明治30年（1897）には97万5千tを記録した。その後、魚群は後志方面へと北上し沿岸各地のニシン場は活況を呈したが、昭和33年を最後に来遊は途絶えた。料理法は多いが、脂の乗った新鮮なニシンは素焼きにしてダイコンおろしを添えて食べるのが一番うまいという声が多い。近年、群来の復活が見られるようになっている

公営住宅の抽せん会

昭和29年（1954）
〈北海道新聞社〉
若夫婦を中心に約千人が会場を埋めた。競争率は、市営住宅の11坪（約36㎡）が5倍、9坪（約30㎡）が36.2倍、道営アパートが7.5倍と、住宅難はまだまだ解消しそうにない。抽せん器から当たり番号がはじき出されると万歳を絶叫する人もあり、落選組の羨望を集めていた

団地族

昭和34年（1959）〈北海道新聞社〉
「団地族」特集の記事に添えられた、豊平区平岸の木の花団地の写真である。記事は、先行する伏見や木の花に加え、この年の春から真駒内とひばりが丘という大団地の建設が始まって市民の1割以上が団地住民となるという状況を紹介し、そこに住む人たちの特性と心情を分析して新しいタイプの市民像をとらえている

ふとん干し

昭和37年(1962)〈北海道新聞社〉

10月半ば、好天に恵まれたこの日、団地の多くの家がベランダでふとんを干し、そこに洗濯物も加わってにぎやかだ。こうした光景は多少やゆを込めて「満艦飾」と呼ばれたりした。現代のマンションでは許されていないところも多いようだが、日がかげる前に取り入れたふかふかのふとんの上で横になったときの気分は格別だ

戸建ての家並み

昭和42年(1967)〈北海道新聞社〉

麻生団地は道住宅公社(現在の道住宅供給公社)が昭和32〜36年に造成・分譲し、441戸が並ぶ、市内の大型団地のはしりだ。緑は豊かだが、悪路と、下水道の管が細いなどといった悩みもある。団地内を貫通している本通りは舗装工事が始まったが、この年は基礎工事止まりで、生活基盤が十分に整備されるまでにはまだ時間がかかりそうだ。

昭和39年9月の記事には以下のようにある。道住宅公社(25年発足)は38年度までで全道に1万1千戸を手掛けた。そのひとつ麻生団地は建ってから3〜4年のものが多く、落ち着いた雰囲気を醸し出している。建設中の元町団地474戸では50㎡の平屋から100㎡近い2階建てまで9種類の基本型があり、価格は132〜187万円。土地価格(3.3㎡当たり6千円強)を加えると平均的な家で220万円ほどになる。次年度には道が大麻団地を着工の予定だ

春の大掃除運動

昭和45年（1970）〈北海道新聞社〉

市清掃部の呼びかけで始まった「市民春の大掃除運動」は5月中旬に入って本格化し、地域ぐるみのごみ、汚物処理が行われた。各地区の衛生協力会の指導員が巡回し、各戸で下水、側溝、トイレの掃除や消毒などを指導するというそれまでにないきめの細かい作戦をとり、住宅街の周りはぐんときれいになった。写真は平岸ちどり町内会

清掃トラック出動
昭和28年（1953）〈札幌市公文書館〉

町をあげての大掃除

年に二度、春と秋に、町内あげて自宅の大掃除を行った。家族総出の行事だった。畳を戸外に出して虫干しし、床板の上に貯め込んでいた新聞紙を敷き直し、畳を竹やハエ叩き様の道具で叩いてほこりを出してから部屋に戻した。天井や壁のすす払いもした。畳を外へ出した後の古新聞を読んでみたり、思いがけず小銭が見つかったりする楽しみもあった。

夕刻、町内の役員さんがやってきて、大掃除を済ませた家には玄関先に白い札を貼ってくれた。それがない家は仲間外れの家だった。

年末には年越しのためのすす払いをした。障子の紙の貼り直しをこのときにする家も多かった。［朝］

ごみ収集車
昭和43年（1968）〈北海道新聞社〉
ごみは収集車が回って来たときに各家庭から運んでいた。有料・従量制には不法投棄を生むといったマイナス面があったことから、47年には家庭ごみを無料化して週2回のステーション方式に改め、翌年には大型ごみと不燃物の分別収集が始まった

祭り・行楽

札幌まつりの見世物

昭和26年（1951）〈北海道新聞社〉

雨もよいの空もなんのその。14日の宵宮祭には晴れ着姿の子供たちが創成河畔のサーカス街や狸小路にあふれた。15日も市内や近郊からの人々でにぎわったが、午後からは雨となり、指定地外のもぐりを入れればざっと1000軒という出店や見世物、商店街はうらめしそう。花山車もいっとき米軍病院（逓信局＝北1西6）玄関で雨宿りした

サーカス小屋の火事

昭和34年（1959）〈北海道新聞社〉

6月、札幌まつりで混雑する創成川河畔で1500人余の観客で満員のサーカス小屋800㎡が全焼し、52人が負傷した。また隣接のライオンショーの小屋と合わせ、ライオン5頭、トラ2頭、サル6匹、犬1匹が焼死した。逃げ出したゾウが民家に飛び込む騒ぎもあった

民家に飛び込んだゾウ

昭和34年（1959）〈北海道新聞社〉

ジンタ響く

札幌まつり。札幌の初夏を告げる六月、創成川をまたいで、大小の仮小屋が掛けられた。正面は西側を向き、大きな看板がかけられ、楽団のボックスではジンタが競うように響いた。天幕と粗むしろと綱で作られた粗末な床。人が身動きするたびに揺れ、隙間から川波が見えた。すべて立ち見だった。

一番南、創成川が真っすぐに流れはじめるあたりに、その年最も大きなサーカス小屋ができる。下流の狸小路のあたりまで、オートバイの曲乗り、犬の舞台、お化け屋敷、ヘビ娘、ロクロ首などが一列に並び、小屋の隙間には露店がひしめいた。客寄せの声がわめき立ち、時々ちらりとむしろをめくって舞台をのぞかせてくれたりもした。

西一丁目の道は人波で埋まり、押しあいながら看板を見上げ、子供はハッカパイプをくわえ、金魚やら色付きのヒヨコやらに夢中になった。

興奮のるつぼのような西一丁目に比べ、楽屋出入口の裏側の東一丁目は奇妙に静かだった。舞台着のキラキラした肌もあらわな娘が、七輪で魚を焼いているのを見たこともあった。

昭和三十四年（一九五九）、サーカス小屋で火災が起こった。群衆は逃げ惑い、ケガ人が出た。火に驚いたゾウが檻を壊して逃げ出し、道の反対側の材木問屋に入り込んで騒ぎを大きくした。ケガ人の多数が近くの中央創成小学校に収容されて治療を受けた。それらの様子がニュース映画として全国の映画館で流された。

これを境に創成川からジンタは消えた。川は市民に忘れられ、柳だけが生長した。やっと創成川が再生したのはここ数年のこと。河畔公園が札幌のシンボルの一つになりつつある。［朝］

第5回雪まつり会場の全景

昭和29年(1954)〈北海道新聞社〉

1月28日に幕を開けたものの翌日から吹雪に見舞われ、30日午後には市電・市バスがほとんどストップした。それでも最終日の31日には回復し、子供バレエ、北海道犬展覧会、野外映画、スクエアダンスなどの催しでにぎわった。東高、北海高など雪像12点の出品者には札幌観光協会から感謝状が贈られた

第12回雪まつり

昭和36年（1961）〈北海道新聞社〉

2月3日、3～6丁目の雪像会場は黒山の人ではちきれそう。3丁目では自衛隊製作「西遊記」前のステージで北海道新聞社主催「雪の芸術まつり」が開かれ、陸上自衛隊北部方面総監部と道警のブラスバンドが勇壮なマーチなどを奏でた

藻岩山の山開き

昭和30年（1955）〈北海道新聞社〉
6月1日未明、第70回藻岩山開きが行われた。前夜11時ごろから登山者が増え始め、2時ごろには若いサラリーマンや学生など御来光を待つ人の群れでにぎわった。この日の人出はざっと2、3千人だった

藻岩山のロープウェイ

昭和33年（1958）〈北海道新聞社〉
この年、藻岩山では、ロープウェイの運転開始とスキー場を北斜面から南斜面に移してのオープンがあり、35年にはリフトの営業開始もあって、市民に親しまれる施設が次々整っていった。写真は山頂付近のロープウェイ停留所から見た夜景で、2本の線はゴンドラのヘッドライトの光跡

円山動物園

昭和29年（1954）〈北海道新聞社〉

開園から3年。ゴールデンウイークが始まった円山動物園では、ゾウのハナ子をはじめシマウマ、キリンなど64種、236頭が子供たちを迎えた。「先着順」というひよこのプレゼントをめがけて早朝から手にかごや木箱を持った子供たちが400〜500人も詰め掛け、アルバイトの学生も目の回るような忙しさ。迷子が午前中だけで50人も出て、係員は親探しに汗だくだった

ペンギンが仲間入り

昭和39年（1964）〈北海道新聞社〉

南極海で育ったかわいらしいキングペンギンが、円山動物園に仲間入りした。日本の捕鯨船が南アフリカ近くの島で捕らえて来た5羽で、東京から航空機で千歳に着いた。ペンギンの王様と言われるだけあって、白の“胸チョッキ”に黒の“燕尾服”はなかなか上品。園では、夏の暑さに負けないよう、日よけや冷房装置を設けた

選挙

主権回復後初の総選挙

昭和27年（1952）〈北海道新聞社〉

サンフランシスコ講和条約による主権回復後初めての総選挙は466の議席に1242人が立候補して26日間にわたる選挙戦が行われ、投票所には早朝から開場を待つ市民が列をなした。写真は第11投票所の豊平小学校。昭和30年2月27日投票の総選挙の際の記事には、道内の多くは翌日開票で（即日開票は63町村）、封印の終わった投票箱がトラックや馬そりで開票場所に集められ、翌日午前の開票まで係員や警察官が徹夜の張り番を続けるとある。添えられた写真では、大通開票区の張り番の人たちが火鉢に手をかざして暖を取っている光景がとらえられている

参政権

知事や市長が選挙で選ばれるようになったのは昭和二十二年（一九四七）からのこと。それまでは国が任命して東京から派遣されてくるもので、北海道庁長官と呼ばれていたが、選挙制度になってからは知事と名を変えた。

その一年前、昭和二十一年（一九四六）には衆議院議員の選挙が、女性も参加して行われた。女性が政治に参画するのは、日本の歴史においてこれが初。婦人参政権と呼ばれ、立候補も投票も可能になった。「女は女の候補に入れるのかねェ」と戸惑う人も多かったという。［朝］

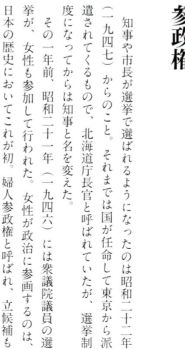

開票速報

昭和34年（1959）〈北海道新聞社〉

新聞社の前に掲示された選挙開票速報は、多くの市民の関心を集めた。写真は昭和34年4月23日の第4回統一地方選挙における道知事選・道議選の開票速報で、大通西3丁目の北海道新聞社社屋南側に速報板が設置され、HBCテレビの中継も行われた。知事選では保革新人同士の事実上の一騎打ちの結果、町村金五（自民）が横路節雄（社会）を制して初当選を果たした

職場・そして退勤後

職場（北海道電力秘書課）
昭和40年（1965）〈北海道新聞社〉
秘書の仕事内容と求められる資質などを特集した記事で、「なんでもやる心構えが必要」「好感持たれるのが第一条件」といった見出しが付けられている。写真は、電話や来客応対といった業務のさまを伺わせており、机は木製で、ダイヤル式の電話は課員が黒であるのに対して課長は別の色であるといった職階による違いも見ることができる

麻雀荘
昭和31年（1956）〈北海道新聞社〉
まっすぐ帰宅しない夫たちは終業後に何を?—という記事のひとこま。45歳のM氏は同僚と会社近くでマージャンにふけり、ついつい終電車になる。千点100円。月給日の精算時には4～5千円吹っ飛ぶこともある。「不健康」「亡国遊戯」という声もあるが、記事によれば「午後5時ごろともなれば退勤のサラリーマンで約20卓もある室内はびっしり」だそう。
高度経済成長期。都市部への人口流入が進み、サラリーマンたちの娯楽として麻雀が流行した。昭和44年、戦後混乱期の賭博をめぐる人間模様を描いた阿佐田哲也の小説「麻雀放浪記」が反響を呼び、麻雀ブームは加速し、道内の麻雀荘は、ピークの55年には1256軒に膨らんだ。会社や家庭のストレスから逃避できるひとときだったが、職場の上下関係が持ち込まれることもあったようだ

パチンコ

昭和37年（1962）〈北海道新聞社〉

「立てばパチンコ、座ればマージャン」と言われた庶民の2大娯楽。家庭面（現在のくらし面）の「主婦たちに聞いた『夫の小遣いの額と渡し方』」という記事に添えられたこの写真には、「夫はこづかいでささやかな“自由”を楽しむ」という説明が付けられている。

台の前に立ち、左手で1発ずつ入れる玉を右手のレバーで矢継ぎ早に打っていく客たち。玉のジャラジャラいう音と「軍艦マーチ」、そしてタバコの煙が満ちみちた店内。戦時中の禁止が解かれて戦後間もなく復活したパチンコ店での光景である。パチンコは、入賞すると花びらが開いて玉が入りやすくなる「チューリップ」の登場（昭和35年）、自動的に玉をはじく電動式の導入（48年）などで「娯楽の王様」の地位を保ち続けている

戦後教育・団塊の世代

教室難

昭和29年（1954）〈北海道新聞社〉

教室難を打開しようと、市議会文教委員会の5人が15の小・中学校で実情を調査した。最もひどいというここ幌北小学校では、玄関や体操器具室（物置）まで教室に改造したうえでも1クラスに70人が押し込まれ、窮屈このうえない状態となっている

変わる学制と学校行事

義務教育は、尋常小学校六年、高等小学校二年の都合八年間だった。ただし小学校六年を終えて試験を受け、中学校・工業学校・商業学校など五年制の学校に進学することもできた。

昭和十六年（一九四一）、小学校は国民学校初等科に改称した。少国民という言葉が生まれ、小学生も戦いに組み込まれる形になった。

終戦後の昭和二十二年（一九四七）から国民学校初等科の六年間は小学校の名に戻り、二年制だった国民学校高等科は三年制の中学校となった。五年制の学校は三年生までが中学校、四、五年生は一年加えて修業年限三年の高等学校になった。

義務教育が一年延び、旧中学も一年延長した。ただし、旧制のまま五年で卒業を希望する者もいて、一時期は旧制中学五年生と新制度校二年生が同じ教室で学んだこともあった。

世相が落ち着いてくると、学校生活は戦前にもまして華やかで楽しい行事などが続くようになった。

学校での軍事訓練や動員などはもちろんなく、親の服装もきれいになった。終戦直後は手縫いのボールや手製のグローブで始めた野球も本物の道具が使われるようになり、本格的なスキーも手に入るようになった。修学旅行先も年を追って遠くまで出かけるようになっていった。［朝］

青空教室

昭和30年（1955）〈北海道新聞社〉

教室難の幌西小学校では1教室70人収容としてもなお6教室足りず、二部授業を取り入れてみたものの「午後組」は遊び過ぎて遅刻したり教室内であくびをする子供が目立ったりで1カ月で取りやめ、5月からは1年生に青空教室を導入した。11学級をA（6学級）とB（5学級）の2班に分けて1日おきに教室と屋外を交互に使うこととし、雨の日は体育館を使う。近く日よけのよしずを張り、校舎が増築される秋ごろまで続ける。

昭和30年、道内の新入生は小学生14万3千人、中学生10万6千人で、前年より4万8千人も増えた。翌年は小学生がさらに多くなり、中学生も5年後には激増のピークに達する

フォークダンス

昭和35年(1960)〈北海道新聞社〉

札幌北高校第11回学校祭で野外フォークダンスの会が開かれた。広い芝生に男女が入り交じっていくつもの円陣を作り、リズムに合わせて踊った。
昭和23年から、CIE(民間情報教育局)などの指導でスクエアダンスやフォークダンスが普及した。北海道軍政部民間教育課長W.P.ニブロによる講習会は24年に行われた

札幌飛行場と丸井の灯台

旧札幌の市街地は、全体がほぼ東西南北に区切られた道路が走っている。そんな中で、山麓に沿った道でもないのに、勝手に斜めに走ったような道路が何本かある。そのひとつが、北十六条西五丁目から北二十四条西十丁目までを貫く市道だ。北大第二農場の東側にあり、〝ななめ通り〟と呼べば近隣に住む人たちはこの道のことだと思っている。戦後しばらくの間、このあたり一帯はトウキビ畑。その中の一本道だった。札幌市街から先、ここを歩いて突き当たった先に札幌飛行場があった。飛行場ができたのは昭和二年（一九二七）、事業主は北海タイムス社（現北海道新聞社）で、同八年（一九三三）に逓信省航空局が管理し施設を充実させた。昭和十二年（一九三七）には札幌―東京間の定期運航もはじまった。毎週七往復で、片道五時間十分かかったそうだ。

当時はまだ市内では乗り合いバスがのんびりと走る程度で、乗用車さえ珍しかった時代。藻岩山頂をかすめるように飛ぶ飛行機を、外遊びしているみんなが手を止め、口をあんぐり開けて見上げていたものだった。

丸井今井デパートの屋上には航空灯台が作られ、毎夜ぐるりぐるりと光を市街地に送ってくれた。ちょうど街路灯のように、夜歩く人たちの足もとを照らして闇を消し去った。二百六十六万燭光、七十キロメートル先まで届いたという。軍用となっていた飛行場は、終戦とともに閉鎖されたが、灯台だけはしばし光を放っていた。やがて大きなレンズは外され、一階のエレベーターホールの隅に展示されていたが、今はどうなっているのだろうか。

札幌飛行場も後発の丘珠空港に座を譲り、戦争が終わっても飛行機が飛び立つことはなかった。しばらくは茫々とした草原

高校生と小学生が一緒に登下校

昭和38年(1963)〈北海道新聞社〉

札幌南高校の全日制はこの年から定員を500人増やして20学級千人と倍増させ、ピークの41年度まで札幌の急増高校生を収容した。初年度は全校で40学級2千人で、2年後には60学級3千人に達する。定員増が校舎改築に先行して行われたため、1年生は、現校舎と、児童数が激減している中央創成小の3階(北校舎)に分かれての分離授業となった。部活は本校舎に通う。教員も北校舎(18人)と本校舎に分かれ、校長が毎週月曜日、南と北の朝会に掛け持ち出席する。翌春には新校舎が建ち、この形は1年度限りだった。札幌南高校では昭和28年時点で既に、定員24学級1200人に対し、実際には30学級1630人が学んでいる。生徒通用口、体育館、教員室、特別教室をつぶして教室にしても追いつかず、この年から二部授業も始めた。記事では校長が「道教委でも善処するというので受け入れたのだが」と苦衷を語っている

のままで、門柱だけがななめ通りの突き当たりに所在なげにたたずんでいた。

　札幌北高校がここに移転した後も、グラウンドではヒバリが巣を作っていた。北二十四条かいわいでは、市電の車庫が西五丁目に移り、さらに藻岩山麓に引っ越した。車庫跡は、盛り場となった二十四条かいわいの文化施設の一つ、札幌サンプラザとなり、さらに北区役所や区民センターが建てられて、あたりは北の拠点箇所へと変貌した。時代とともに、札幌飛行場の歴史を知る人は減っていった。［朝］

丸井デパート屋上の航空灯台

昭和27年(1952)〈北海道新聞社〉

昭和12年に丸井今井デパート本店(現在の一条館)の大規模増改築が竣工し、12月には屋上に北方航空路の道しるべとして航空灯台が設置され、翌年2月に点灯された。直径75cmの巨大レンズから放たれる光は苫小牧や石狩湾からも見えると言われた。この写真は、朝鮮戦争勃発で25年6月から消えていた航空灯台が1年2カ月ぶりに復活したときのもの。灯台は47年までは点灯が確認され、その後撤去された

テレビと洗濯機

昭和32年（1957）〈北海道新聞社〉

前年の冷害のあと豊作を迎えたこの年、農家の主人がテレビと電気洗濯機を馬そりに載せて家路をたどっている。このころ、テレビ（白黒）・洗濯機・冷蔵庫が「三種の神器」と言われたが、テレビが大きく普及したのは34年4月、皇太子と美智子様の結婚式を前にしてのことだった

ご近所も一緒のテレビ視聴

昭和33年（1958）〈北海道新聞社〉

この写真は、二部授業で11時に帰宅する子供を、テレビのある家で一緒に教育番組を見せて有意義に過ごさせる取り組みを紹介した記事に添えられたものだが、いち早くテレビを導入した家でご近所が見せてもらうことは一般的に行われた。テレビのある家の主婦は「食事の時間にも“テレビを見せて”と来られて困った」、見せてもらう側は「いつもお世話になって悪いから何かお礼を」と交際にも気を使った。昭和34年1月10日現在の道内テレビ台数は、NHKのサービスエリア（札幌、函館）だけでも4万1011台で、1年間で3倍近く増えた。HBC（札幌、函館、室蘭）や各メーカーによれば10万台以上あるという。前年暮れから一流メーカー品で5万円台の機種が登場し、20カ月月賦が人気のよう。この年は4月に札幌テレビ放送（STV）も開局した

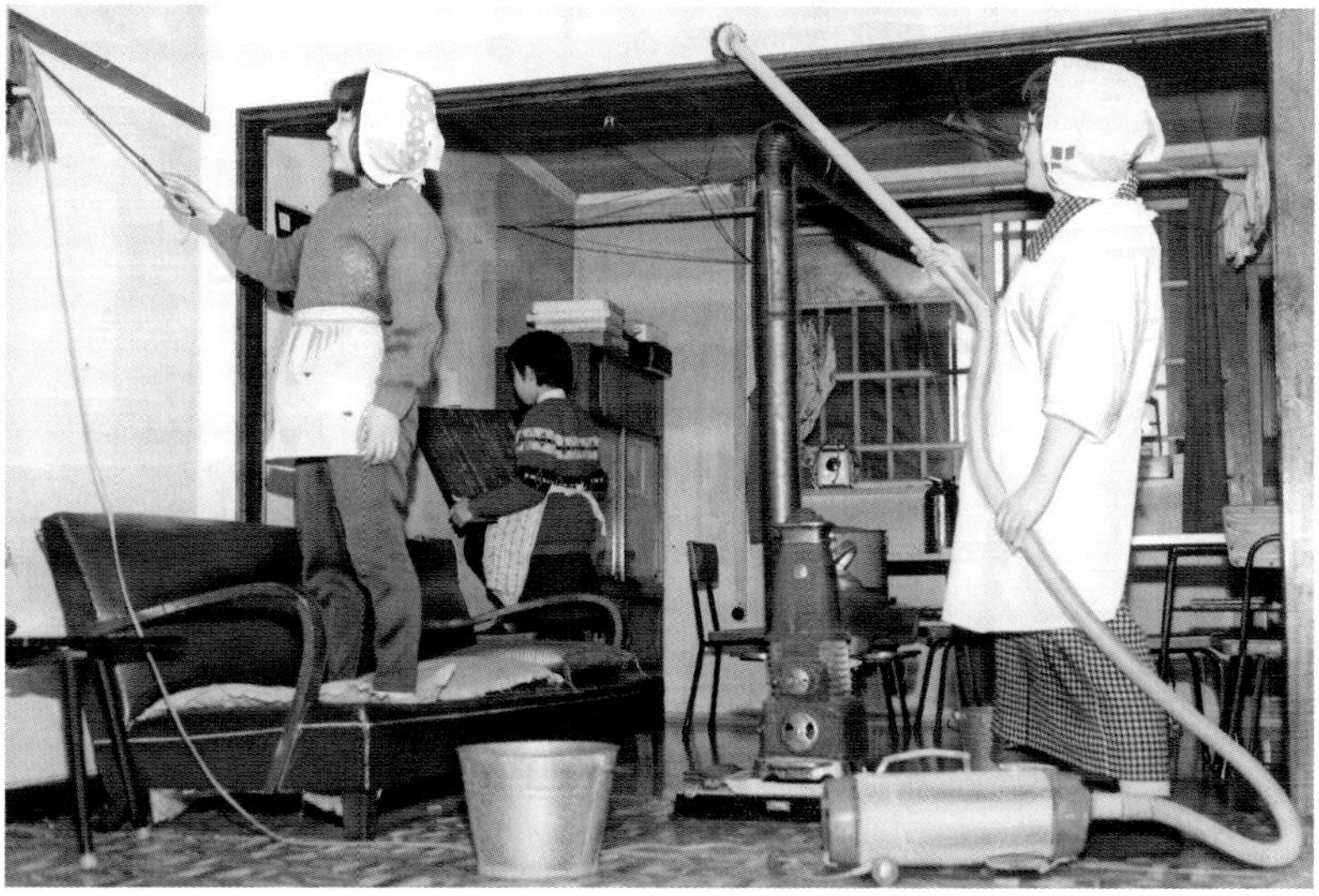

年末の大掃除

昭和36年（1961）〈北海道新聞社〉

この大掃除風景で、手前の姉さんかぶりの女性2人は、左は伝統的なはたき掛け、右は電気掃除機使用と、新旧2つの方法が共に行われている。電気掃除機も「三種の神器」と同期時に普及が進んだ

テレビと洗濯機

昭和30年（1955）〈北海道新聞社〉

この写真を載せた記事には次のようにある。最近の田舎のどろんこ道では醤油、味噌、衣類、酒類まで満載した荷馬車風景がよく見られ、今年の景気の良さがうかがえる。史上空前の大豊作と言われ、農村地帯で電気洗濯機の普及が大きく進んだ。若い主婦は「ぜいたく品だと思ったんですけど、時間が省けて洗い物はきれいになり、こんな素晴らしいものはない。来年は冷蔵庫の小さいものでも」。手前左は機械編み機

マイカー時代

昭和40年（1965）〈北海道新聞社〉

このころになるとマイカーを持つ人も増えてきた。この写真を添えた特集では、道内の普及程度を「40世帯に1台で全国のやっと半分」と推定している。記事は運転免許証の取り方から始まって、中古と新車の比較、維持費と、こまごま紹介している。「いずみ」欄には事故に遭った主婦の投稿を載せ、保険の重要性にも触れている

冷蔵庫

昭和37年（1962）〈北海道新聞社〉

冷蔵庫は昭和30年代に普及した。後年、このころの様子を紹介した記事に「ワンドアの冷蔵庫」と書いているものがあったが、ツードア式が登場するまでは、写真のように内側上部が冷凍室となっているものが主だった。家庭面（現在のくらし面）のこの記事には食品別に上手な保存法が紹介されている

路上駐車場

昭和40年（1965）〈北海道新聞社〉

右上の記事から4カ月後には再び特集記事があり、北海道のマイカー族を5万4千人と推測している。例に挙げられている大衆車の価格は49万1千円、ガソリン代、保険料などの維持費は月7千円とある。札幌では都心部での駐車数3万台に対して公営・民営駐車場は1500台分（道警調べ）。中心部の駐車禁止でない道路は青空駐車場と化しており、写真説明には「割り込み技術はもちろん、引き出し技術にも長じなければ」と書かれている

子育て・学校

全道赤ちゃんコンクール入選者表彰式

昭和30年（1955）〈北海道新聞社〉

このころ、乳児の健全な育成と育児知識の普及を目指し、自治体やミルクメーカーなどの主催で赤ちゃんコンクールが盛んに開催された。この写真が添えられた記事には、男女各10人が表彰され、うち各1人は全日本審査会でも優秀赤ちゃん20人に選ばれて厚生大臣からごほうびをもらったとある。

昭和23年、人工中絶に道を開く優生保護法が公布され、翌年、国会は「わが国の人口は著しく過剰」と決議して、第一次ベビーブームに歯止めがかかった。38年に保健婦になった女性にインタビューした記事（平成17年）には、当時、国は子供の数を制限するための計画出産や受胎調節をさかんに奨励しており、「なりたてのころは、母親教室でオギノ式の避妊方法を説明したり、子供の数について相談に応じたりするのが仕事の中心でした」と振り返っている

幼稚園

昭和27年（1952）〈北海道新聞社〉

子供たちがハチマキ姿もりりしく、「福は内、鬼は外」と声を張り上げて、赤、青、白の鬼たち目がけて豆をまく。園児たちは終わったあと、歌や踊りに楽しいひとときを過ごした。

ここ札幌大谷幼稚園は昭和19年（1944）に国民保育所と改称していたが、20年11月、元の名前に戻った。季節ごとの行事が行われて伝統に触れられるのも平和であってこそだ

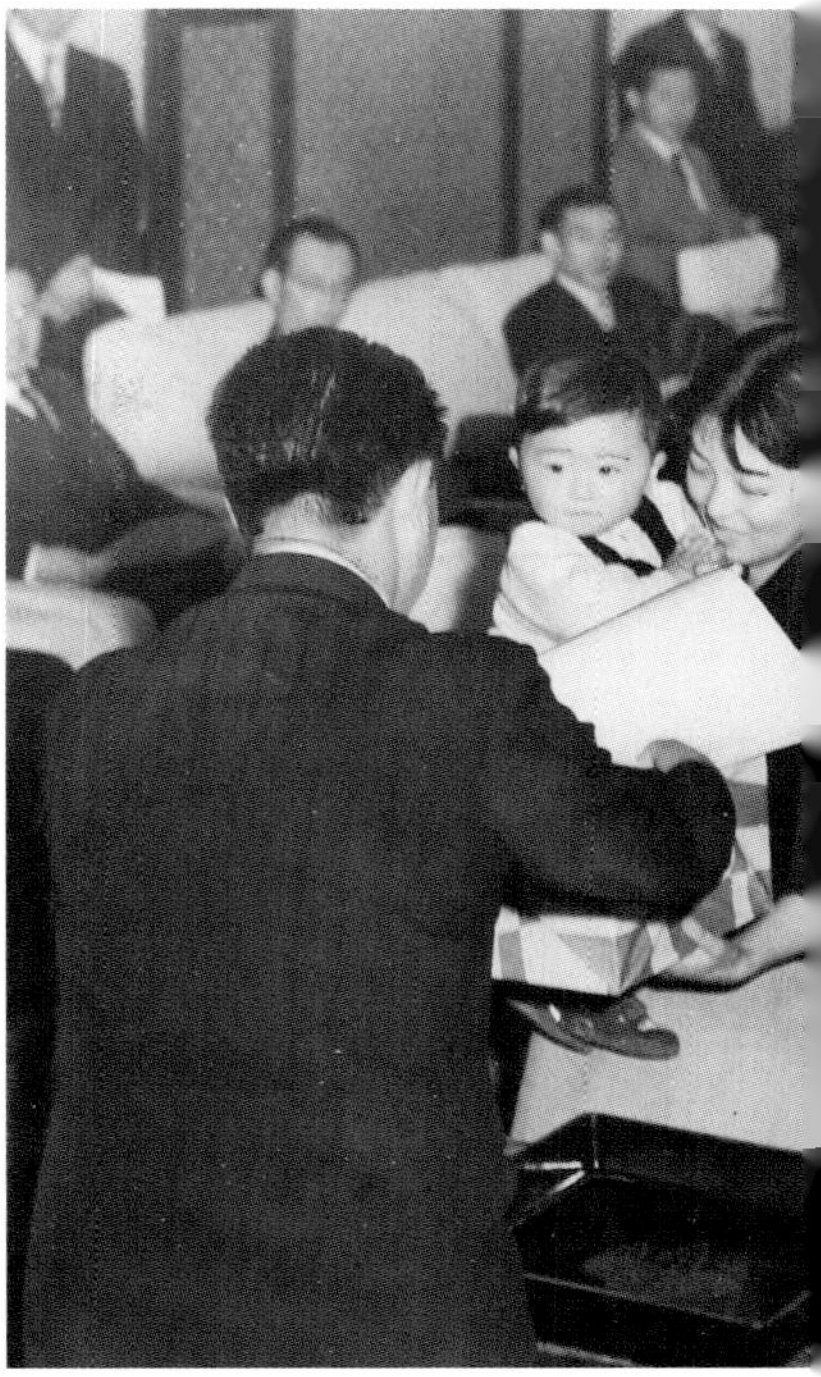

仲よし子ども館

昭和36年（1961）〈北海道新聞社〉

真駒内広場での仲よし子ども館の開所式。それまで10カ所だったものを5カ所増やしての開催で、この地区も豊平町の札幌合併で仲間入りした。同地区には幼稚園も保育所もなかっただけに団地や下町の子供やお母さんたちは大喜び。100人近くが集まり、さっそく歌や遊戯に興じていた。

「仲よし子ども館」は、幼稚園不足対策として昭和35年に導入された野外教室。週1、2回、利用登録した幼児を公園などに集めて専門教諭が集団遊びなどの指導を行ったもので、ピークの53年度には2万6千人の幼児が通った。幼児教育の比重を幼稚園に置くため、平成8（1996）年度を最後に廃止された

入学式

昭和42年（1967）〈札幌市公文書館〉

4月6日、市内90の小学校で一斉に入学式が行われた。これは北九条小学校の1年生たちである。全部で1万2932人の1年生たちは真新しいランドセルを背負って胸をふくらませながら初登校。お祝いのまんじゅうやもちをもらって下校した。

札幌の小学校の児童数は、周りの町村との合併を含みながら、昭和22年2万9千人、32年6万8千人、42年7万2千人と増え続けた。入学式では在校児童の工夫による飾り付けや歓迎プログラムが組まれるようになっていった

交通安全運動

昭和42年（1967）〈北海道新聞社〉

新入学児童や園児を交通事故から守ろうと、特別交通取り締まりが4月6日から全道一斉に始まった。動員される警察官は連日約3千人。子供たちに正しい横断方法などを指導する一方、車にも監視の目を光らせた。写真は、お巡りさんと一緒に緊張した表情で交差点を渡る新入生

西創成小学校の運動会

昭和24年(1949)〈北海道新聞社〉

市内のトップを切って、5月28日に円山公園坂下グラウンドで開かれた。全校児童2500人が紅白に分かれ、玉入れやハチマキ取りなどの競技に取り組んだ。給食用の食器をそろえるため、同校PTAによるバザーも開かれた

豊平小学校の運動会

昭和39年(1964)〈北海道新聞社〉

5月31日の日曜日には30余の小・中学校で運動会が開かれ、この年10月の東京オリンピックムードを盛り上げるマスゲームや競技に声援や笑いを爆発させていた。豊平小学校ではお昼どき、幸せを呼び合う願いを込めた作文約800を風船に託して空に放ち、大喝采を浴びていた

修学旅行

昭和44年（1969）〈北海道新聞社〉

5月、動労の長大ストが回避され、修学旅行に出発する石山中学校の生徒たち。札鉄局販売センターの調べでは31日に修学旅行が予定されていたのは小・中学校20校の3300人（出発900人、帰着2400人）。いずれも無事に臨時列車での旅行が実現した。

修学旅行は、市内各小学校で明治の中ごろから行われていた。戦終何年間かは中断されていたが間もなく復活し、内容も多様さを見せるようになった。中学校の修学旅行の行き先は写真の時期までは道東が中心だったが、旅館や道路の事情が十分でないなどの理由で、昭和45年前後から各校一斉に十和田湖周辺に変更した。平成26年（2014）からは航空機での移動が解禁となり、関東方面を訪れる学校も出ている

給食

昭和39年（1964）〈北海道新聞社〉

4月13日、北九条小学校の1年生が初めての給食を受け、大喜びだった。新入生に早く学校になじんでもらおうと、同校が市内のトップを切って始めた。この日はお母さんたちも手伝いに加わり、お祝いの紅白もちが入ったフルーツみつ豆やソーセージの料理を皿に盛って回った。子供たちはニコニコ顔で「いただきます」を言い、「おいしい、おいしい」と舌つづみを打っていた。ほかの学校も下旬から来月初めにかけて1年生に給食を始める。

市内で学校給食（副食）が始まったのは昭和22年で、まだ国民学校時代の小学校と庁立盲学校でのことだった。26年には盲学校を含む25の小学校で、主食・おかず・ミルクがそろった完全給食が開始され、平成5年（1993）には小・中学校の完全給食実施率が100%となった。また昭和54年には米飯給食（月1回）も導入され、回数が次第に増えて平成15年度には週3回となった

一日宿泊

昭和31年（1956）〈北海道新聞社〉

夏休みを楽しく過ごそうと、日新小学校では毎年、3年生以上の希望者による「一日宿泊」を行っている。この年初日の7月26日には3年生と5年生の131人が参加し、花火大会や映画会のあと、9時過ぎにはござを敷いた教室で、母親たちが運び込んだ毛布や寝具にくるまった

ラジオ体操

昭和45年（1970）〈北海道新聞社〉

7月、小学校が一斉に夏休みに入った25日から、市内の遊園地やお寺などで子供たちのラジオ体操が始まった。篠路駅前団地は住宅が400戸近くに増えてこの年からラジオ体操がスタートし、約120人が4台のトランジスタラジオに合わせて体操に励んだ。

昭和3年に中島公園にあった放送局からのラジオ放送が開始され、東京中央放送局からわずかに遅れてラジオ体操も始まって、練習会が札幌師範学校で開かれもした。ラジオ体操が全国放送となったのは翌4年である。戦後、一時的な中断はあったがすぐに再開され、26年に現在の第1体操、翌年第2体操が制定され、28年からは夏期巡回ラジオ体操会が全国を回るようになった

炊事遠足

昭和29年（1954）〈北海道新聞社〉

都市化がさほど進んでいなかったころ、学校からそれほど離れなくても、自然環境の中に身を置くことができた。この写真は琴似小学校が行った、秋の炊事遠足の光景である。学校近くにある琴似発寒川をさかのぼって行き着いた西野の山で、釜でご飯を炊く準備をしている。献立はカレーライスだろうか

煙突掃除

昭和35年(1960)〈北海道新聞社〉

5月、札幌の煙筒掃除屋さん11人が、柏、幌南、山鼻の3つの学校で、無料で煙突掃除を行った。毎年こどもの日を奉仕日と決めており、これで5年続けているという。

石炭暖房だったころ、煙突掃除は冬場に欠かせない作業だった。内側がすすでじきに詰まり、火の勢いが弱くなるからだ。煙突掃除屋さんは、鉄製のブラシを長くて湾曲する竹の柄につけて煙突の中に送り込み、手際よくすすをこそげ落とす。周りにすすをこぼさないよう気を配ったという。顔を真っ黒にしながらの作業だった

ダルマストーブ（手稲東小学校）

昭和40年（1965）〈北海道新聞社〉

教室にダルマストーブが普及したのは明治40（1907）年代になってからという。ほとんどの学校は「尺五」という直径1尺5寸（約45cm）のものを使った。補強と放熱と装飾を兼ねたひだが周りについているものが多く、授業中、近くの生徒が石炭を投げ込む係を務めた。ストーブの上にあるのは教室内の乾燥を防ぐための蒸発皿

猛吹雪のため学校に宿泊することになった生徒たち（札幌中学校）

昭和45年（1970）〈札幌市公文書館〉

台風並みの勢力の二つ玉低気圧が3日間にわたって荒れ狂った3月、吹雪で臨時休校した学校は道内で千校を超えた。鉄道も道路も吹きだまりのため寸断され、国鉄もバスも運休や折り返し運転を行ったがダイヤはマヒ状態で、都心部の職場には欠勤、遅刻者が続出した

北辰中学校の卒業式

昭和38年（1963）〈北海道新聞社〉

市立小・中学校のトップを切って北辰中の卒業式が3月9日、同校体育館で行われた。卒業生637人は1人ずつ壇上に進み、校長から卒業証書を受けた。校門前に整列した1300人の在校生とスピーカーから流れる「蛍の光」に送られ、思い出深い校舎を後にした

市立図書館(時計台)の開館を待つ高校生たち

昭和36年(1961)〈北海道新聞社〉

受験シーズンを間近に控えた12月3日の日曜日、道立、市立両図書館の前では開館を待つ高校生たちが雪の中に100m余りの長い行列を作った。平日も授業が終わる午後になると閲覧室は受験生に占領される。

時計台は戦後、商工会議所の事務所などに用いられたあと、昭和25年に市立図書館となった。図書館は42年に北2西12に移転した

猛勉強の受験生たち

昭和30年(1955)〈北海道新聞社〉

9月以降、北1条の道立、市立の両図書館は受験生で日増しに利用者が増え、ことに日曜日でも開館している市立図書館では、降りしきる雪もいとわず、定刻前から長蛇の列ができる。弁当持参で夕刻まで頑張る張り切り型や連日の猛勉疲れで舟をこぐ姿も見られる

竣工した中島球場

昭和24年(1949)〈札幌市中央図書館〉

球場竣工記念の絵はがきには、市の「創建80周年」と「自治50周年」がうたわれている。

中島球場は昭和55年7月27日、中体連の軟式野球決勝戦を最後に31年間にわたる歴史にピリオドを打ち、翌月オープンの麻生球場にあとを託した

シーズン開きでにぎわう中島球場

昭和30年（1955）〈北海道新聞社〉
戦前からのものと同じ場所に新しい中島球場が完成したのは昭和24年7月25日である。初日は札幌の実業団チームの紅白試合と市内高校生の記念試合が行われ、2万人の観衆が詰め掛けた。写真はそれから6年後の5月の光景で、札鉄対スターズ、スターズ対拓銀の2試合を4千人が見物した

スキー作り

昭和32年（1957）〈北海道新聞社〉
スキー作りは、原材から70数工程かけての製作にざっと半年かかる。秋に店頭に並べるために、市内のスキー製作所では夏の盛りが製作の最盛期だ。市内の芳賀スキー製作所（ハガスキーの前身）によれば、この年、原料の木材は前年より1割高く、ヒッコリーなら卸値7500円ぐらいになるだろうとのことだ

スキー製造業の記事を追うと、業界の変化が見える。

昭和38年（1963）、メーカー各社が前年の20%増産体制を取っているのは設備導入によるためで、販売競争は激化している。需要は単板から合板に移りつつあり、高級品ブームでグラスファイバーやメタルもかなり出回りそうだし、輸入物も多くなっている。

39年、道産スキー輸出は11～12社合計で前年比50～60%増の4万5千～5万台（38年は3万220台）を見込む。輸出先もこれまでの米国中心からヨーロッパへと広がっている。

40年、グラスファイバーが急激に人気を集めそう。全国生産量150万台のうち輸出向けは70～80万台あり、この値引き販売が国内価格にはね返り、経営難となっている。

49年、狂乱物価による資材高騰などで道内からの輸出はゼロとなった。50年からは多少回復したが、外国製品に対抗するため、52年、道内6社が同じ「サッポロスキー」のブランド名で国際市場へのなぐり込みを図る。

平成3年（1991）、「ハガックス　コーポレーション」（旧ハガスキー、本社・札幌）が自己破産を申請した。大正6年（1917）後志管内京極町で創業し、日本が冬季五輪に初めて参加した昭和3年（1928）のスイス・サンモリッツ大会から3回の五輪などで日本選手団を支えた。戦後は一時期、輸出で国内一の実績を誇った。しかし、47年の札幌五輪で日本が冬季スポーツの一大市場であることを欧米のメーカーが認識して輸入スキーが増え、そのあおりで74年の歴史の幕を閉じた。

延々と列をつくったスキーヤー（札幌・藻岩山スキー場）

昭和37年（1962）〈北海道新聞社〉

藻岩山市民スキー場は昭和33年暮れに南斜面の約28万m²の地に作られ、翌年1月にロープトウが運転を開始した。36年1月現在、リフトも2基あり、1日平均5〜6千人が訪れている

藻岩山スキー場のにぎわい

昭和41年（1966）〈北海道新聞社〉

好天に恵まれた1月3日、藻岩山市民スキー場は1日から2日にかけての降雪で積雪70㎝と絶好のコンディションとなり、今シーズン最高のにぎわい。けが人も多く、管理事務所は応急の手当や救急車の手配に大忙しだった

改修前の大倉山シャンツェ

昭和39年（1964）〈北海道新聞社〉

昭和7年開設の旧大倉山シャンツェは43年3月の大会を最後に姿を消し、右の雪印シャンツェと併合してオリンピックシャンツェに生まれ変わった

五輪に向けて改修された大倉山シャンツェ

昭和45年（1970）〈北海道新聞社〉

札幌オリンピックを1年4カ月後に控え改修工事が順調に進む大倉山シャンツェは山頂近くから末広がりに流れるような曲線を描き、右側には段々畑の観客席が続いている。12月24日の初飛躍では、札幌オリンピック70m級（宮の森シャンツェ）で金メダルを獲得することになる笠谷幸生選手らが「飛びやすい」という感想を述べた

氷上カーニバル（中島公園）

昭和37年（1962）〈北海道新聞社〉

氷上カーニバルは戦争による中断から6年ぶりに、昭和22年2月、中島公園のリンクで復活した。37年2月の第39回氷上カーニバルでは、大通の北海道新聞社前から200本のたいまつパレードが市中を行進し、沿道をうずめた人垣が崩れてそのまま中島特設スケートリンクの会場入り。1万人余の観客が陣取る中、10社200人による火星人や交通事故撲滅のパトカー隊、股旅道中といった仮装が夢と笑いを誘った。

映画「白痴」（昭和26年）では黒澤明監督が札幌ロケで氷上カーニバルを取り入れ、その映像は、詩情豊かな当時の札幌をひときわ印象的なものにしている。

氷上カーニバルは、やがて商業主義に傾いたこともあり、雪まつりに取って代わられた格好で昭和49年2月11日を最後に幕を閉じた

市内初の民営スケートリンク（大通西5丁目）

昭和29年（1954）〈北海道新聞社〉

オフィス街のど真ん中にあるうえ入場料も大人40円、高校生25円と中島よりも割安とあって、昼休みの勤め人や豆スケーターたちで開場早々おおにぎわい。ただリンク造りに70万円もかかったから、管理の札幌スケート同好会ではもとが取れるかどうかと心配顔だ。

中島公園では、野球場に散水しての市営リンクが昭和27年12月にオープンしたことでスケート場の主役の座はそちらに移った。池の方でもボート関係者のリンク維持によりスケートが続けられていたが、いつまであったのかは定かではない。球場のリンクは、55年3月を最後に、球場取り壊しでその歴史を終えた

夜の闇

父はよく私を映画館に連れて行ってくれた。封切館ではなく、場末の三番館だった。子だくさんの大家族を抱えた父にとって、映画はたったひとつの楽しみだったのだろう。札幌の映画館は松竹座のような封切館が何軒かあり、ここの興行期間が終わると、入場料を下げて二番館で上映、さらにその後に場末の三番館に流されてくる。同時にこのフィルムは道内の田舎に行って上映された。

三番館のころになると、フィルムが途中で切れたり、つながらなかったりすることもあった。でも、安い料金で満足していた客たちは、スクリーンだけが白く映るのを眺めながら、フィルムがつながって再開するのを待つのだった。

貧しい父が行くのはこの場末館のみ。トイレの臭いが客席にいつもただよっていた。一階の舞台下は畳敷きだった。

小屋がハネると正面の出入口だけでなく脇の非常ドアも開き、客がぞろぞろと這い出るように出て来た。夜の闇は深かった。

月光だけが頼りの暗い砂利道を歩いていると、何秒おきかに、すっと光が通り過ぎた。丸井デパートの屋上でまわる航空灯台が瞬時足下を照らすのだ。距離は二キロもあるだろう。それほど夜の札幌は闇の底にあったし、街並みの軒は低かった。夜は音も消えた。風の流れによっては、時計台の鐘の音が山鼻小学校近辺でも聞こえたし、魔の踏切で鳴らす汽車の汽笛の音も聞こえた。［朝］

松竹座を取り巻く人々（南4西3）

昭和26年（1951）〈北海道新聞社〉
催されたのは「コロムビア40周年記念祭」で、専属歌手十数名出演という豪華版。この日は雪まつり最中の日曜日で、春めいた気候もあずかって商店街、興行街、スキー場に人があふれた

ニューフェイスの審査

昭和29年（1954）〈北海道新聞社〉
雑誌「平凡」の募集による日活ニューフェイスの第2次審査が札幌のホテルで行われ、応募者の中から写真で選考された男性5人、女性2人の中から男女1人ずつが東京での最終審査会に送り出された。このような新人俳優発掘は、戦後間もないころから映画各社で行われた

マンガブーム

昭和41年(1966)〈北海道新聞社〉

1月のこの記事は、「雑誌売り場で一番人気があるのはマンガずくめの子供週刊誌」という写真説明を付けてブームが大人にも広がっている状況をとらえ、擁護派と批判派の声を拾っている。「北大生のマンガ熱はすごい」「1冊50円なりのレクリエーションとしてパチンコ以上に楽しめるからじゃないですか」というのが書店の声だ。

戦後の子供たちに、なけなしの小遣いで漫画などの読める場を提供したのは貸本屋だった。昭和30年代初めの借り賃は1冊20円ほど。新聞が1カ月330円、漫画雑誌(月刊誌)が1冊100円ほどの時代だった。中島公園ではリヤカーで運び込む野外の貸本屋も現れたという。32年当時の札幌には貸本屋が140店近くもあったという花形商売だった。34年には週刊誌として少年サンデー(30円)と少年マガジン(40円)が発売され、少女向けにも少女フレンド(37年)、マーガレット(38年)が登場した

フラフープ

昭和33年(1958)〈北海道新聞社〉

フラフープが大流行したこの年11月30日、狸小路でコンテストが開かれた。小学校1〜3年、同4年〜中学生、幼児の3部門で、5人ずつが1分間回す中で技を競った。体の負担への心配もあった遊具だけに、最初に高校の体育教師から正しい遊び方の指導があり、胴ばかりでなく腰や首で回す子もいて、にぎわった

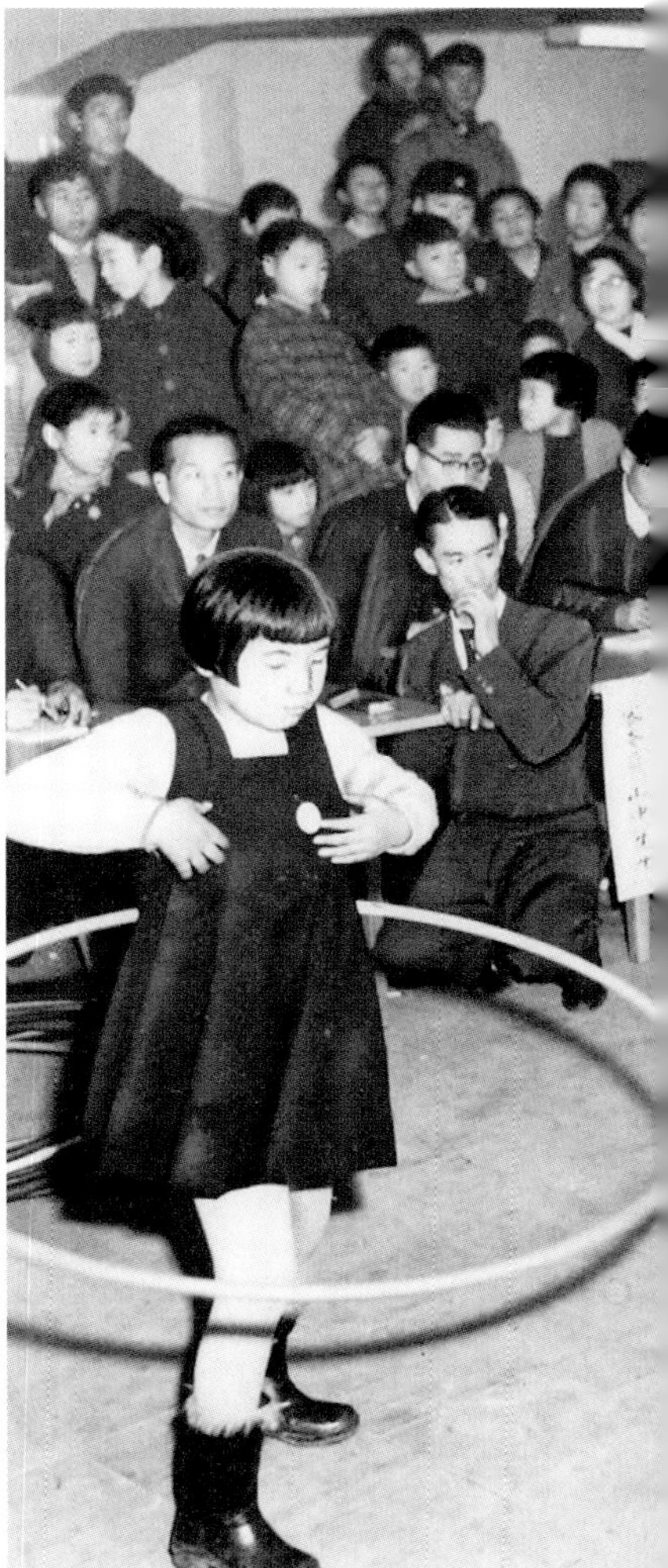

ロカビリー

昭和33年(1958)〈北海道新聞社〉

この年に一気に盛り上がったロカビリー人気。平尾昌晃、ミッキー・カーチス、山下敬二郎といった歌手たちがエレキギターを派手なアクションで弾きながら歌う姿に若者たちが熱狂し、東京で開かれた「日劇ウエスタンカーニバル」は熱気にあふれた。

33年4月に札幌公演を行った平尾昌晃は北海道のファンについてこう語った。「ロカビリーは客席が沸かなければ歌っていても熱が入らない。心配しましたが、舞台に立って安心しました。北海道のハイティーンファンの血の中にロカビリーを育てる新しさがあるからでしょうか」。

「ロカビリー公演を、どんなものかと出かけてみた」という松尾正路小樽商大教授は北海道新聞にこう寄稿した。「劇場は30分前から超満員で、無理に押し分けて中へ入らないと演奏者の姿も見えない。(中略)若者たちの鼻をつくような人いきれは、貧乏な日本の社会にもこんな異様なエネルギーの鬱積があることを教えてくれた。」

きれいな空を

　秋も深まって家々で石炭ストーブに火を入れる時期になると、煙がもととなったスモッグが街を覆うようになった。札幌市役所は昭和三十二年（一九五七）から対策に乗り出し、三十七年には煤煙防止条例を制定した。

　昭和三十四年一月六日の北海道新聞は次のように書いている。冬の札幌を象徴する灰色の空が訪れた。日本一の煤煙都市の汚名を返上しようと「けむり追放」が叫ばれて四年目。市や煤煙防止対策委員会では今年こそは「冬の空を明るく」と呼び掛けているが、実効が上がるのはいつのことやら。都心部の大煙突は、相変わらず黒々とした煤煙を空高く吐きあげている。

　同年四月三日の続報にはこうある。市煤煙防止対策委員会は昨年暮れから大通西一～四丁目を中心とするモデル無煙地区で行った実態調査結果を明らかにした。結果は、指定前より煤煙量は減ったが今後に残された課題も多いというものだった。これで四年間にわたる各種煤煙調査を終え、今度は行政的な防止対策方法について検討する。［前］

煤煙《ばいえん》

昭和38年（1963）〈北海道新聞社〉
1月28日朝、平年より5度低い氷点下13.8度に冷え込んだ札幌では、上空によどんだ暖かい空気のため、地表近くの煤煙を含んだ冷気が抜け出すことができず、都心部は重苦しいスモッグに覆われた

第四章

オリンピックこのかた

昭和45年（1970）〈北海道新聞社〉
市電、ダンプ、乗用車が入り乱れる夕刻の札幌駅前通り

オリンピックと街づくり

五輪が市民の暮らしを変えた

札幌の歴史の中で、暮らしの近代化を劇的に進めたのは、昭和四十七年（一九七二）の冬季五輪の開催だった。

札幌という世界的には無名に近い中都市が一躍その名をとどろかせ、国際都市となったことも大きいが、何よりもこの開催で市民の生活基盤が一変したことこそが大きな意義であった。まさに事件だった。

地下鉄が走り地下道が通り、除雪が進んだことで、雪の克服が進んだ。トイレが汲み取り式から水洗になった。燃料は石油と電気が中心になって、暖房の扱いや調理方法も便利になった。生活環境の近代化は五輪開催に全てが集約される。［朝］

地下鉄南北線開通

昭和46年（1971）〈北海道新聞社〉

12月16日、オリンピック真駒内会場と市の中心部を結ぶ地下鉄南北線が営業を開始した。先に開通した道央、札樽両自動車道と共に、オリンピック時の輸送を担う重要な都市基盤整備だった。

開通初日。朝は「これまでより余計に寝られるのがいい」という通勤客、昼前は「速い、速い」と大喜びの子供たち。暖房の入れ過ぎによる電源ショートで電車が停まるハプニングもありながら、雪に影響されない北国の新交通が幕を開けた

地下街完成

昭和46年（1971）〈北海道新聞社〉

11月16日、札幌地下街が開業し、ポールタウン（大通～すすきの）とオーロラタウン（大通西1～3丁目）は買い物客や見物客など絶え間ない人波で埋まった

札幌オリンピック開会式

昭和47年（1972）〈札幌市公文書館〉

開会式場の真駒内屋外スピードスケート場を、聖火の煙をたなびかせながら周回する辻村いずみさん。このあと高田英基さんが聖火を受け継ぎ、103段の階段を上って聖火台に点火した。第11回札幌オリンピック冬季大会はアジア初の大会として昭和47年2月3日から13日まで開かれ、初参加のフィリピン、台湾を含む35カ国、1650余人の選手、役員が参加して、6競技、35種目が行われた。70m級ジャンプ（宮の森シャンツェ）で笠谷幸生、金野昭次、青地清二の道産子3選手による「日の丸飛行隊」がメダルを独占して地元を沸かせた

「虹と雪のバラード」詩碑への思い

札幌冬季オリンピック記念曲「虹と雪のバラード」の詩碑は平成十七年（二〇〇五）九月、札幌・大倉山ジャンプ競技場に建立された。作詞者で北海道文学館副理事長を務めた詩人の河《かわ》邨《むら》文一郎さんは前年三月に亡くなり、完成した姿を河邨さんに見てもらいたいという願いはかなわなかったが、人々の思いがたくさん込められての、詩碑の誕生だった。

ジャネット・リン選手

昭和47年（1972）〈札幌市公文書館〉

フィギュアスケートの銅メダリスト。当時18歳のリンさんはフリーの演技で尻もちをつきながらも愛くるしい笑顔と華麗な演技で観衆を魅了し、「札幌の恋人」「銀盤の妖精」と呼ばれた。選手村の自室に「Peace & Love」の落書きを残した

札幌オリンピック閉会式

昭和47年(1972)〈札幌市公文書館〉

閉会式は13日午後6時から真駒内屋内競技場で行われ、「YOKOSO(ようこそ)」で始まった大会を「SAYONARA」で閉じた。会場を埋めたおよそ1万人の人たちが別れを惜しんだ

「虹と雪のバラード」詩碑

平成18年(2006)

十五年七月、河邨さんが初代教授を務めた札幌医科大学整形外科教室の五十周年記念パーティーが札幌グランドホテルで開かれたとき、この曲を歌ったトワ・エ・モワの山室英美子さんと芥川澄夫さんがこんな質問を投げかけた。「『虹と雪のバラード』の碑はどこにありますか」。二人は、この曲の碑は当然あるものと思っていた。虚を衝《つ》かれた地元側が建立に向けて動き出した。

翌年期成会が発足し、八月、三越前での街頭募金から募金運動が始められた。音楽会でチラシをまいたり三度にわたる「虹雪コンサート」を開いたりと、音楽活動のような色合いの展開となった。

場所は大倉山ジャンプ競技場の、正面通路の階段上部にある広場と決まった。真正面にジャンプ台のアプローチが見通せる、競技場のシンボル的な位置である。設計は彫刻家の国松明日香さん、揮毫は書家の中野北溟さんが腕をふるってくれた。

募金の呼び掛けに応えてくれた中には、「ぜひ一番乗りを」と受け付け開始前に届けてくれた札幌の夫婦、「札幌市議だった夫(故人)がオリンピックに深くかかわった」と長文の手紙と当時の記念切手を添えてくれた千葉の女性、「結婚するきっかけになった曲」というメールを送ってくれた京都の男性、「二十歳のころの思い出がいっぱい」と個人としては最高額の二十万円を送ってくれた上川管内の女性など、関係者を感激させる話がいくつもある。〝お付き合い〟ではない寄付がたくさん寄せられ、この曲がいかに市民に浸透していたかを知ることができた中での建立となった。〔前〕

灯油配達

昭和49年（1974）〈北海道新聞社〉

1960年代には石炭から石油へのエネルギー革命が進み、石油ストーブが家庭暖房の主役の地位を占めるようになった。灯油の価格は世界の原油供給状況と直に結び付いており、冬を迎える時期ともなるとその動向が気になるところ。昭和49年12月のこの写真説明には「需要最盛期を迎えても値下がり傾向の灯油。消費者はホッとひと息」とある。このときの灯油価格は全道平均で1リットル35円44銭。ホームタンクは、手前はドラム缶横置きタイプ、奥は縦タイプで、時代による変化を見ることができる

車粉

昭和61年（1986）〈北海道新聞社〉

降雪期を前にした11月20日、豊平区の国道36号の光景である。スパイクタイヤ装着率が66%を超えて車粉が舞い上がり、遠くのビルがかすんで見えるほどだ。

雪道での自動車のスリップを防ぐため金属のピンを埋め込んだスパイクタイヤが普及すると、今度はそれが路面を削った車粉が発生して健康に及ぼす影響が懸念されるようになった。車粉公害が問題化していた59年春に北海道新聞社が行った世論調査ではスパイクタイヤを使用する人の割合は95%に上り、期間は11月中旬から4月中旬までというのが一般的なところだった。札幌市は62年にスパイクタイヤの使用を規制する条例を施行し、11月いっぱいはスパイクを規制するなど、その害を減らす対策を進めた

脱スパイク

平成元年（1989）〈北海道新聞社〉

スパイクタイヤの販売は平成3年度で中止されることが決まったが、平成元年現在でもなお、使用規制の動きは関係6省庁の間で足並みがそろわない。スパイクタイヤのピン抜きは春恒例の光景となっているのだが…

雪山と車の間をすり抜けて行く歩行者

昭和48年(1973)〈北海道新聞社〉

記事は「まかり通る車優先の道路除雪」と、車優先の除雪のあり方に疑問を呈している。写真の昭和47年度時点での市道の歩道除雪は12%だったが、平成28年度には75%(幅員2m以上)となっている

雪堆積場のくしの歯模様

平成8年(1996)〈北海道新聞社〉

4月上旬並みの陽気となった3月半ば、記録的な大雪に見舞われた札幌市内でも雪の山は日ごとに小さくなっている。豊平川の雪堆積場では雪を早く解かすため、ブルドーザーが雪山を崩し、白いキャンバスに線状の模様を描いている。

平成15年(2003)3月の記事には次のようにある。藻岩橋下流の豊平川河川敷にある雪堆積場では雪割り作業が本格化している。市内56カ所の雪堆積場には札幌ドーム10杯分に当たる約1500万㎥の雪が運び込まれた。雪割りは前年より5日遅い17日から始まり、ブルドーザーがうなりを上げて雪山を崩している。市は4月30日までに用地を原状に戻して国に返さねばならないため、作業は急ピッチ。雪に混入していた土砂やごみは最後に集めて処理される

初の国際スキーマラソン大会

昭和56年（1981）〈北海道新聞社〉

3月、札幌で初の国際スキーマラソン大会が西岡距離競技場で開かれた。歩くスキーを中心とした国内では初めての集いで、クロスカントリーと歩くスキーの両部門に1190人が参加した

支笏―札幌
北海道歩くスキー大会

昭和58年（1983）〈北海道新聞社〉

昭和57年に、支笏―札幌北海道歩くスキー大会が始まった。支笏湖畔を出発し、恵庭峠へのつづら折りの道を経て真駒内に至る28kmのコース。写真は翌年3月の第2回大会で、12歳から81歳までの993人が参加した。春めいた日差しの中、積雪期に閉鎖されていた道道（現在は国道453号）を歩く大会だったが、冬期間も開通することとなって第7回（63年）で終了した

雪まつり真駒内会場

平成9年（1997）〈北海道新聞社〉
2月の第48回雪まつり。入場者数は217万人と前年の204万人を大幅に上回り、中島公園会場が廃止された5年以来最高の人出となった。新千歳空港と本州各地を結ぶ路線が増えたことが大きいと見られる。第16回（昭和40年）から第56回（平成17年）まで真駒内が第2会場となり、翌年から3年間はサッポロさとらんど、以降はつどーむへと移っている

プロジェクションマッピング

平成25年（2013）〈北海道新聞社〉
第64回雪まつりに、雪像へ映像を投影するプロジェクションマッピングが初めて導入され、大きな人気を集めた。プロジェクションマッピングは、コンピューターで制御された映像を建物や車などにプロジェクターで映し出す技法。「豊平館」の雪像をスクリーンに見立て、ホッキョクグマの親子がコミカルに動き回る約5分間の映像を投影したが、混雑が激しくなり、会期途中で上映を中止した

より便利に

テレホンカード

昭和60年（1985）〈北海道新聞社〉

カード式公衆電話が初めて設置されたのは昭和57年（1982）12月で、道内では千歳空港に20台が置かれた。60年末には道内で3000台に達し、硬貨投入の手間を省くために開発されたテレホンカードの販売枚数も急増。60年度は11月末現在でも前年1年間の4.5倍に当たる111万2千枚にのぼった。絵や文字を自由にデザインできるようになって記念品としても作られ、人気タレントのものが高値で取引された。販売ピークは平成6〜7年で、その後携帯電話の普及につれて公衆電話が急激に減り、利用価値は薄れた

ポケットベル

昭和47年（1972）〈北海道新聞社〉

前年12月からサービスが始まったポケットベル（ポケベル）はセールスマンや工事監督と業者、医師などの需要が高まって「2、3カ月待ち」という大人気となった。

ポケットベルは一般の電話からこれを持ち歩いている人に呼び出し信号を送るもので、昭和60年代から急速に広がった。勤め人にとってはどこにいても会社に電話を入れなければならない束縛感を伴うものであったが、1990年代に普及したディスプレイ付きのポケベルを、若者は数字を使った語呂合わせによる通信手段として活用した

携帯電話登場

平成2年（1990）〈北海道新聞社〉

札幌で携帯電話が使われ始めたのは昭和63年（1988）。写真左端は平成元年供用開始のNTTの携帯電話で、右の4種類は3年4月発売の“小型”機種。容量も重さも従来品の3分の1となり、最も軽い機種は230gだった。対抗するセルラー（現在のau）もさらに小型化した機種でシェアアップを図った

スーパーマーケット誕生

昭和37年(1962)〈北海道新聞社〉

5月の記事に、「ここ1年足らずの間に札幌に4軒のスーパーマーケットが誕生し、6月末までにさらに2軒、年末までに5、6軒の開店が予想され、ちょっとしたブームになっている」とある。開店済みのものは200～330㎡で、みなセルフサービス方式だ。値段が市価よりも2～3割安く、中には半値品もあることが人気を呼んでいる

コンビニの実験店

昭和49年(1974)〈北海道新聞社〉

この年、地元コンビニチェーンのセイコーマートが18店でスタートした。3年がかりの実験を経て、1地域1店のフランチャイズ制で発足した。特徴は①従業員は1～4人②年中無休、長時間営業③住宅地に隣接し売上額より利益率重視――で、仕入れや広告は本部が一括して行い、経営の主導権は店舗経営者が持つというもの。市議会が大型店出店の凍結宣言をした57年春以降に急増し、生活の中にしっかり根付いた。写真はもみじ台のセイコーマート実験店

マンモス・キャバレー

昭和48年（1973）〈北海道新聞社〉
大規模な店では専属のフルバンドが演奏するほか人気歌手の来演もあり、多くの客でにぎわった。しかし昭和60年代に入ると、カラオケボックスの普及、バブル崩壊とそれに続く景気低迷が逆風となり、「ミカド」（昭和61年）、「エンペラー」（平成18年）、「札幌クラブハイツ」（25年）と次々閉店していった。「エンペラー」は800人収容のホールを備え、床面積約1500㎡、ボックス250席の規模だった

若者の心をとらえるディスコ

昭和51年（1976）〈北海道新聞社〉
ミラーボールが回り、赤や青のライトが激しく点滅する店内。この時期が第一次ブームで、その後も「サタデー・ナイト・フィーバー」の大ヒット（1978年）やYMOなどのテクノブーム（1980年代）、ユーロビートの流行、「お立ち台」（1990年代）など、ディスコは時代ごとにブームを巻き起こしていった

インベーダーゲーム

昭和54年（1979）〈北海道新聞社〉

インベーダーゲームは中年層から小学生にまで幅広い人気を博した。やがて1回100円のゲーム機に変造硬貨を入れてゲームに興じるといった不正が目立つようになり、ゲーム場への小中学生の出入りに制限をかける自治体も現れた。

卓上式のテレビゲームが喫茶店に目立ち始めたのは昭和53年夏あたりから。4台置いている店では「常連が多いようで、結構お金を落としてくれます」という。販売メーカーによれば1人平均580円使うというデータもあるそう

たまごっち

平成9年（1997）〈北海道新聞社〉

8年末から爆発的人気を得た「たまごっち」は、たまごからかえったこどもが、育て方によって様々に「進化」するというゲーム展開が受けた。単純なつくりとシンプルな画像も特徴だった。画面はウンチのシーン

YOSAKOIソーラン祭り

平成8年（1996）〈北海道新聞社〉

6月、第5回YOSAKOIソーラン祭り前夜祭には例年を上回る約2万人の市民が詰め掛け、一気に本番ムードとなった。民謡歌手伊藤多喜雄さんと稚内南中学校郷土芸能部員ら150人によるライブのあと、前年の受賞9チームが順番に踊りを披露した。実行委では3日間の観客を、前年の76万人を上回る100万人と見込んでいる。

第1回YOSAKOIソーラン祭りは平成4年、10チーム、1000人の参加で開かれた。高知県のよさこい祭りと北海道のソーラン節をミックスさせて生まれたもので、「街は舞台だ」を合言葉に急成長し、毎年6月上旬に大通公園を中心に市内約20会場で開催されて、外国を含めた300前後のチームと3万人前後の参加者、観客動員数200万人前後の大きな祭りとなっている

北海道開拓の村（厚別町小野幌）

昭和58年（1983）〈北海道新聞社〉

北海道開拓の村は、明治～昭和初期の歴史的建造物等を移設・復元し、開拓当時の情景を再現展示している野外博物館である。昭和58年に15棟で開村したあと順次施設を増やし、現在は52棟が市街地群、漁村群、農村群、山村群のまとまりで展示され、馬車鉄道も運行されている。四季折々のイベントや伝統遊具作りも行われている

羊ヶ丘展望台

平成21年（2009）〈北海道新聞社〉

羊ヶ丘展望台は昭和34年（1959）に札幌観光協会が開設してから、この年で50周年を迎えた。羊は最盛期の2千匹から大きく減って60匹。クラーク像は北大創立100周年などを記念して51年に建てられたものだ。来場者は平成3年度の99万9千人がピークで、20年度は38万6千人となっている。

元々は明治39年（1906）に農商務省の施設として設置された月寒種羊場で、小高い丘から市の全体が見渡せる眺望の良さもあって市民に親しまれ、一帯は昭和19年（1944）に羊ケ丘の地名となった。その後農林省（当時）北海道農業試験場の種羊場として羊が放牧されていたが、30年代末ごろに羊の研究をやめて以来数が減った

豊平川イカダ下り

昭和62年（1987）〈北海道新聞社〉

第13回豊平川イカダ下りは史上最多の231チーム、約1120人が参加し、幌平橋をスタートする4.5kmのコースで開かれた。大関小錦の張りぼてを載せたりイカダの上ではしご乗りを披露したりして観客へのアピール度を競い、途中沈没組や難破組も続出した。

豊平川イカダ下りは昭和50年（1975）に12チーム42人の参加で始まった。手作りのイカダはアニメのキャラクターや汽車など趣向が凝らされ、参加者もさまざまな扮装で乗り込んだ。途中には落差が2mほどのものを含むえん堤があり、転覆したり壊れそうになったりするイカダもあって、観客に涼味と笑いを提供した。最盛期には246チームが参加するなど札幌の夏の風物詩として親しまれたが、参加チームの減少などもあり、平成26年（2014）の第40回大会で終了した

観光幌馬車

平成3年（1991）〈北海道新聞社〉

札幌に観光幌馬車が登場したのは昭和53年（1978）だった。初代の馬は金太で、その後2代目金太、さらに初代と2代目の銀太へと移り、運行を支える人も代替わりした。札幌中心部のビル街を1時間かけて周遊する赤い2階建ての観光幌馬車は、夏場の札幌の顔として定着した

ＪＲ札幌駅

平成17年（2005）〈北海道新聞社〉

平成15年3月に開業したJRタワーは、大丸百貨店、多くの専門店やシネコンを擁するステラプレイス、オフィスやホテルも入った高層複合施設として、市民にしっかりと根を下ろし、「サツエキ」という略称も生まれて、札幌の繁華街トップの座を「ドオリ」こと大通から奪った。駅前はパチンコ店のビルや、居酒屋、コンビニ、ラーメン店など若いサラリーマン向けの店が増え、ビジネス街から繁華街へと様相を変えた。23年には札幌駅と大通を結ぶ地下歩行空間「チ・カ・ホ」も生まれ、すすきのまで地下をまっすぐ歩けるようになって、人の流れが一変した

大倉山ジャンプ競技場

平成25年(2013)〈北海道新聞社〉

大倉山ジャンプ競技場は札幌オリンピック冬季大会(昭和47年)のあとも、夏も使えるサマーヒル化(平成10年)など“進化”を続けている。平成25年には、気温が上昇しても助走路内部が良好な状態を保てるよう、助走路に冷却装置を国内で初めて導入した。これは国際スキー連盟(FIS)のルール改正に伴うもの

モエレ沼公園

平成10年（1998）〈北海道新聞社〉

モエレ沼公園は平成10年7月、高さ13mの巨大三角錐と芝生の丘で構成する「テトラマウンド広場」など2.5haの整備を終えて1次オープンした。全体の敷地は183ha（沼地を含む）で、昭和57（1982）年度に基盤整備を始めた。総事業費は240億円。日系アメリカ人の彫刻家イサム・ノグチ氏が「全体が彫刻作品」として設計してから10年の節目を迎えてのことだった。

その後、平成17年に全面オープン。昭和63年のノグチ氏の死去を乗り越え、23年がかりの大工事だった。中心施設「ガラスのピラミッド」、不燃ごみと公共残土を積み上げて造成され三角点（二等基準点）も設置されている人工のモエレ山（麓からの高さ52m）、海辺をイメージして造られた子供たちのための水遊び場「モエレビーチ」などがある

大きかったＫｉｔａｒａ効果

札幌コンサートホールＫｉｔａｒａの響きの良さは世界のトップアーティストたちから掛け値なしの高い評価を受け、中には「このホールを持って帰りたい」という人もいたとか。

　その効果は音楽マーケットの拡大となって表れた。筆者が試算したところ、札幌の音楽マーケットは、Ｋｉｔａｒａの開館前が年間五億円規模だったのに対し、開館後は八億円規模へと六割もアップした。大小二つのホールを持つ新しい施設の完成がマーケットの拡大を生んだのだ。

　このホールを本拠地とする札幌交響楽団と、夏場の一カ月間開かれているパシフィック・ミュージック・フェスティバル（ＰＭＦ）の演奏会に加え、地元演奏家や国内外のアーティストたちの公演に音楽ファンが足を運ぶ光景が日常のものとなっている。

　大人ばかりでなく、市は平成十六年（二〇〇四）から、「Ｋｉｔａｒａファースト・コンサート」と題して、市内の小学校六年生全員に札響の演奏会を聴いてもらう取り組みを続けている。自ら演奏する子どもたちには舞台に乗る機会もあるだろう。

　Ｋｉｔａｒａが誕生したことで、演奏する人たちにとっても聴く人たちにとっても、音楽環境は一新されたと言える。三十年十月に開館する札幌文化芸術劇場ｈｉｔａｒｕはどんな効果をもたらしてくれるだろう。［前］

札幌コンサートホール
Ｋｉｔａｒａ開館

平成9年（1997）〈北海道新聞社〉

札幌コンサートホールKitara（キタラ）開館を半年後に控えた1月、札幌交響楽団が大ホールで初めて本格的な練習を行い、岩城宏之さんの指揮で、優美な曲線を生かしたホールいっぱいに、迫力ある音を響かせた。Kitaraは札幌市が建設した音楽専用ホールで、ステージを客席が取り囲む形の大ホール（2008席）と室内楽などに使う小ホール（453席）から成り、大ホールには国内最大級のパイプオルガンが設置された

あとがき

十八歳で移り住んだ札幌で、強く印象に残ったのは、西五丁目の上から北を眺めた光景だった。道の両側に連なる電柱の間に渡された電線や路面電車の架線が、まるで蜘蛛の巣のように道路を覆っていた。曇り空のせいもあってちょっと憂鬱《ゆううつ》な思いにとらわれたが、一カ月もたてばそんな気分は、色とりどりの花たちや、木々の、種類によって色合いを異にする新緑のさわやかさが吹き飛ばしてくれた。今回の候補写真を眺めながら、陸橋からのそんな景色も歴史の中におけるある時代のものだったのだな――と感じていた。

朝倉賢さんが執筆したエッセーの数々は、札幌に深く根を下ろして暮らしてきた人ならではの幅広さと奥行きをたたえている。とりわけ、戦中から戦後間もないころを描いた文章にはその場にいた人ならではの実感がこもっており、ことのほかの熱さが感じられた。一月には【街並み編】の誕生を喜びこの【暮らし編】の完成を楽しみにしてくださっていたのだが、編集作業も終盤の段階で世を去られ、ここに収めた原稿が絶筆となった。二年前に着手して以来、長年の蓄積に基づく文をつづりつつ私どもを励ましてくださった日をしのび、深く感謝申し上げる。

多くの写真を前にして、団塊の世代の私は、札幌に居たわけでもないのに戦後の子供たちの姿が幼い自分であるかのように思えてならなかった。高度成長期前の暮らしにあったものたちは、七輪やちゃぶ台、果ては路上のごみ箱や側溝のドブ板といったものに至るまで、懐かしく、いとおしい。そんな思いからついついそのころのものを手厚く選ぶ結果となったが、この本を手にする方々にもきっと共感していただけることだろう。

新聞に掲載された写真については記事が「時」を写し取っており、年ごとの紙面を追っていくと時期による変遷をたどることもできた。ちょっと多めになった説明も、時代の記録として読んでいただけたらうれしい。

二〇一八年四月

前川公美夫

【プロフィール】

本文執筆、各章解説

朝倉　賢（あさくら　けん）

昭和7年（1932）札幌市生まれ。北海道学芸大学札幌分校（現・北海道教育大学札幌校）卒。元札幌市収入役。日本ペンクラブ名誉会員。日本放送作家協会札幌支部顧問。平成19年度札幌芸術賞受賞。平成30年3月永眠、86歳。

〈主な著書〉

ラジオドラマ「アグアドの首」（『北海道・放送脚本集　ラジオドラマ編』に所収。国際ラジオドラマコンクール・イタリア賞候補作）、小説『鮫たちの樹氷』（太陽）、エッセイ『札幌発　札幌行き』（北海道新聞社）、『札幌　街並み今・昔』（同）、『北風の匂い』（北海タイムス社）など。

本文執筆、写真説明、全体構成

前川公美夫（まえかわ　くみお）

昭和23年（1948）登別市生まれ。北海道大学工学部卒。北海道新聞社で編集局文化部長、編集委員、出版委員などを歴任。元（公財）札幌市生涯学習振興財団理事長。

〈主な著書〉

『北海道洋楽の歩み』（北海道新聞社）、『北海道音楽史』（大空社、亜璃西社）、『響け「時計台の鐘」』（亜璃西社）、『頗る非常！怪人活弁士・駒田好洋の巡業奇聞』（新潮社）など。

※本文中の署名を、朝倉賢氏の原稿は［朝］、前川公美夫氏の原稿は［前］に省略しております。

主要参考文献

『新札幌市史・第1巻～第8巻2』（札幌市）
『豊平川（さっぽろ文庫4）』
『札幌事始（さっぽろ文庫7）』
『藻岩・円山（さっぽろ文庫12）』
『冬のスポーツ（さっぽろ文庫16）』
『市電物語（さっぽろ文庫22）』
『女学校物語（さっぽろ文庫35）』
『札幌とキリスト教（さっぽろ文庫41）』
『中島公園（さっぽろ文庫84）』（以上、札幌市教育委員会編、北海道新聞社刊）
札幌南高等学校創立60周年記念事業協賛会編『六十年史』（札幌南高等学校創立60周年記念事業協賛会）
札幌南高等学校創立百周年記念協賛会百年史編集委員会編『百年史』（札幌南高等学校創立百周年記念協賛会）
札幌北高等学校編『六十年』（札幌北高等学校）
北海道大学編『北大百年　1876―1976　写真集』（北海道大学）
『北大百年史　通説』（ぎょうせい）
『北星学園八十年誌稿』（北星学園）
北海道道路史調査会編『北海道道路史　路線史編』（北海道道路史調査会）
北海道新聞社編『北海道大百科事典（上・下）』（北海道新聞社）
札幌商工会議所編『札幌シティガイド』（札幌商工会議所）
前川公美夫『北海道音楽史』（亜璃西社）
田村巌『北海道の電信電話年代記』（田村巌）
北海道開拓記念館編『北海道の手橇』（北海道開拓記念館）
白野仁『北の野球物語』（北海道新聞社）
札幌狸小路発展史編纂委員会編『札幌狸小路発展史』（昭和30年版）（札幌狸小路商店街商業協同組合）
『札幌市史　文化社会篇』（札幌市）
『近代日本総合年表』第4版（岩波書店）
『北海道保健所長会二十周年記念誌』（北海道保健所長会）
『札幌市議会史年表』（札幌市議会）

装丁・レイアウト

佐々木正男（佐々木デザイン事務所）

編集協力

赤谷正樹（元札幌市職員（文化叢書「さっぽろ文庫」など担当）、東北大学大学院文学研究科専門研究員、日本思想史学会会員、道新文化センター講師）

編集

菊地賢洋（北海道新聞社）

校正

上野和奈

協力

札幌市公文書館／札幌市中央図書館／北海道博物館

写真・資料提供

札幌市公文書館／札幌市中央図書館／北海道博物館／北海道大学附属図書館／北海道立図書館／函館市中央図書館／東北芸術工科大学東北文化研究センター／北海道新聞社

写真で見る あの日の札幌２ —暮らし編—

２０１８年４月30日　初版第一刷発行

編者　北海道新聞社
発行者　鶴井　亨
発行所　北海道新聞社
〒０６０-８７１１　札幌市中央区大通西３丁目６
出版センター　（編集）０１１-２１０-５７４２
（営業）０１１-２１０-５７４４
http://shopping.hokkaido-np.co.jp/book/

印刷・製本　株式会社アイワード

ISBN978-4-89453-906-8

Let's Go!
Fighters!!
狸小路
Don Quijote
nanairo
AED